DIPL. OEC. TROPH. BETTINA SNOWDON

111 Rezepte bei Nahrungsmittel-Unverträglichkeiten

Leckere Gerichte ohne Laktose, Fruktose, Gluten, Histamin, Sorbit

Alle wichtigen Ernährungsregeln

humboldt

VORWORT

Liebe Leserin, lieber Leser,

leiden Sie immer wieder unter Bauchgrummeln, Bauchschmerzen, einem Druck- oder Völlegefühl? Haben Sie öfter Durchfall, Blähungen und Probleme mit der Verdauung? Oder fühlen Sie sich einfach nur schlapp, müde und antriebslos oder leiden unter Kopfschmerzen, Hautirritationen, Schwindel oder anderen Symptomen, die Sie sich nicht erklären können?

Natürlich kann es viele Gründe für diese Beschwerden geben, aber gerade bei Problemen im Magen-Darm-Bereich oder einer unklaren Symptomatik sollten Sie auch an eine Unverträglichkeit gegenüber bestimmten Lebensmitteln oder Lebensmittelgruppen denken, die nicht unbedingt eine Allergie sein muss. Vielleicht haben Sie eine Intoleranz gegenüber Laktose, vertragen keine glutenhaltigen Lebensmittel oder reagieren empfindlich auf Fruktose oder Sorbit. Vielleicht sind es das Histamin und histaminbildende Stoffe in Lebensmitteln, die Ihnen Probleme bereiten. Oder vielleicht vertragen Sie sogar mehrere Stoffe gleichzeitig nicht, leiden also unter Mehrfachintoleranzen.

Lebensmittelunverträglichkeiten sollten Sie nicht auf die leichte Schulter nehmen, denn sie gehen nicht von selbst wieder weg und können Ihre Lebensqualität erheblich einschränken. Häufig können die dahinterstehenden Ursachen nicht klar identifiziert werden und es bleibt nur eins: auf die nicht verträglichen Stoffe ganz oder weitgehend zu verzichten.

Die gute Botschaft: Es ist nicht unwahrscheinlich, dass sich die Symptome nach einer Weile der Nahrungskarenz wieder bessern und vieles wieder vertragen wird.

Nahrungsmittelunverträglichkeiten wie Gluten-, Histamin- und Sorbitunverträglichkeit sowie Laktose- und Fruktoseintoleranz sind weit verbreitet. Gerade bei Mehrfachintoleranzen ist die Zusammenstellung eines ausgewogenen und vielfältigen Speiseplans gar nicht einfach.

Dieses Buch hilft Ihnen dabei, mögliche Nahrungsmittelintoleranzen zu erkennen. Außerdem lernen Sie die unverträglichen, aber auch die verträglichen Lebensmittel kennen und erfahren, wie Sie trotz einer eingeschränkteren Auswahl an Lebensmitteln ausgewogen und mit Genuss essen können.

Ihre

NAHRUNGSMITTEL-UNVERTRÄGLICHKEITEN – DAS SOLLTEN SIE WISSEN

Unverträglichkeitsreaktionen können von verschiedenen natürlichen oder künstlichen Nahrungsbestandteilen und Inhaltsstoffen hervorgerufen werden. Bestimmte Substanzen sind aber besonders häufig für Verdauungsbeschwerden verantwortlich. Dazu gehören Gluten, Histamin, Sorbit, Laktose und Fruktose. In diesem Kapitel lernen Sie die häufigsten Unverträglichkeiten und ihre Auslöser kennen. Und Sie erfahren, wie Sie kritische Lebensmittel gezielt ersetzen können.

Mit Multiintoleranzen leben

Bei Unverträglichkeitsreaktionen handelt es sich meist nicht um Allergien, sondern um Intoleranzreaktionen.

Über 25 Prozent der Bevölkerung reagieren auf Lebensmittel mit Unverträglichkeitsreaktionen – dahinter steckt meist eine Nahrungsmittelunverträglichkeit. Darauf hat die Lebensmittelbranche inzwischen reagiert, und Sie finden in Ihrem Supermarkt oder in spezialisierten Shops viele Produkte, die Sie bei einer Unverträglichkeit essen können. Wenn Sie unter einer oder mehreren Unverträglichkeiten leiden, bedeutet das für Sie eine große Erleichterung, denn es erweitert die Palette an Nahrungsmitteln, die Sie ohne Bedenken genießen können.

Teilweise komplizierte Lebensmittelauswahl

Wer unter einer Intoleranz gegen Laktose leidet, muss heute kaum mehr auf etwas verzichten: Neben laktosefreier Kuhmilch und Produkten daraus sind fast alle typischen Kuhmilchprodukte wie Joghurt, Quark und Sahne auch in pflanzlichen Varianten auf Nuss-, Hülsenfrucht- oder Getreidebasis erhältlich. Bei einer Glutenunverträglichkeit kann auf glutenfreie Getreide und Pseudogetreide zurückgegriffen werden, es gibt Nudeln, Brot und Mehlmischungen zum Selberbacken ohne Gluten.

Etwas schwieriger wird es bei anderen Unverträglichkeiten wie der gegen Histamin, Fruktose oder Sorbit. Auch hiervon sind immer mehr Menschen betroffen – die Auswahl an Spezialprodukten ist aber deutlich geringer. Denn in diesen Fällen ist eine Eingrenzung auf bestimmte Lebensmittelgruppen sehr viel komplizierter: Während bei einer Laktoseintoleranz ausschließlich Milch und Produkte daraus und bei einer Glutenunverträglichkeit ausschließlich glutenhaltige Getreide und Produkte daraus gemieden werden müssen, sind Histamin, Fruktose und Sorbit in sehr heterogenen Lebensmitteln enthalten. Fruktose und Sorbit sind zudem Zusatzstoffe, auf die viele Produzenten von Lebensmitteln aus Kostengründen ungern verzichten.

Nicht bei jeder Unverträglichkeit können Sie die entsprechenden Lebensmittel also einfach weglassen. Wenn Sie unter einer oder sogar mehreren Unverträglichkeiten leiden, brauchten Sie folglich etwas Grundlagenwissen, um sich abwechslungsreich und ausgewogen ernähren zu können.

Nahrungsmittelunverträglichkeiten nehmen zu

Sie haben es schon gelesen: Bereits mindestens jeder vierte Deutsche reagiert empfindlich auf einen oder mehrere Inhaltsstoffe in Lebensmitteln. Auch Multiintoleranzen, die Unverträglichkeit gegenüber mehreren Inhaltsstoffen, nehmen zu. Wer davon betroffen ist, reagiert dann beispielsweise nicht nur auf Fruktose mit Bauchgrummeln, Verdauungsproblemen und anderen Symptomen, sondern vielfach auch auf Sorbit, oder aber auf Histamin oder Laktose.

> Jeder vierte Deutsche reagiert empfindlich auf Inhaltsstoffe in Lebensmitteln.

Warum nehmen Lebensmittelintoleranzen zu? Eine eindeutige Ursache lässt sich meist leider nicht feststellen. Eine angeborene Veranlagung ist eher unwahrscheinlich. Wahrscheinlicher ist, dass die Unverträglichkeit im Laufe der Zeit erworben wird. Auslöser sind die Stoffe selbst, die der Körper nicht mehr verträgt. Doch warum diese Stoffe von immer mehr Menschen nicht mehr toleriert werden, ist nicht vollständig geklärt.

Auch der allgegenwärtige Stress in unserem Alltag, immer mehr schädliche Stoffe und Gifte aus Luft, Wasser und Böden, Pestizide und andere Pflanzenschutzmittel sowie künstliche Zusätze in Lebensmitteln können Lebensmittelintoleranzen verstärken oder sogar auslösen. Sie fördern die Bildung aggressiver zellschädigender freier Radikale oder setzen unserem Körper auf andere Weise zu. Eine einseitige Ernährung mit übermäßigen Mengen an bestimmten Stoffen, zum Beispiel mit vielen Getreideprodukten oder mit Süßem, bringt den Stoffwechsel aus dem Gleichgewicht. Manche Einflüsse können wir bisweilen umgehen, andere nicht.

Das geschieht im Körper

Unverträglichkeiten gegenüber bestimmten Stoffen und Stoffgruppen aus Nahrungsmitteln beruhen auf verschiedenen Reaktionen.

Unverträglichkeiten gegenüber bestimmten Stoffen und Stoffgruppen aus Nahrungsmitteln können auf verschiedenen körperlichen oder sogar psychischen Reaktionen beruhen oder auch ein Mischeffekt sein:

Enzymdefekte bzw. Enzymmangel: In diesem Fall ist ein Enzym, das für den Abbau des Stoffes benötigt wird, entweder defekt oder nicht in ausreichender Menge vorhanden. Ein Beispiel hierfür ist die Laktoseintoleranz.

- **Pharmakologische Intoleranzen:** Hier reagiert der Körper stark auf Lebensmittel mit einem hohen Bestandteil an pharmakologisch aktiven Substanzen. Diese wirken zum Beispiel gefäßerweiternd oder rufen andere Reaktionen hervor. Ein Beispiel für solch eine Substanz sind Histamine.
- **Pseudoallergische Reaktionen bzw. Pseudoallergie:** Hier treten scheinbar allergischen Beschwerden auf, obwohl keine echte Allergie vorliegt. Pseudoallergische Reaktionen können durch Pilzgifte oder bakterielle Toxine, Unverträglichkeit gegenüber Nahrungsmitteln bzw. ihren Bestandteilen oder Medikamente ausgelöst werden.

Es gibt ganz unterschiedliche Gründe für eine Unverträglichkeit.

- **Subjektiv empfundene Nahrungsmittelunverträglichkeiten:** Wer davon betroffen ist, empfindet einen starken Widerwillen gegen bestimmte Nahrungsmittel oder ist davon überzeugt, diese nicht zu vertragen. Man spricht auch von einem Nocebo-Effekt, wenn sich aufgrund einer negativen Erwartung entsprechende körperliche Beschwerden zeigen. Beim Nocebo-Effekt wird – analog zum Placebo-Effekt – eine negative Wirkung erwartet, ohne dass diese tatsächlich existiert.

Die verschiedenen Auslöser

Am Anfang einer Unverträglichkeit gegenüber bestimmten Stoffen steht häufig ein Missverhältnis von „guten“ und „schlechten“ Bakterien im Darm. Ist dieses Verhältnis erst gestört und die „schlechten“ Bakterienstämme überwiegen, kann sich die Darmschleimhaut verändern und durchlässig für Stoffe werden, die eigentlich nicht durch die Darmwand gelangen sollen („Leaky-Gut-Syndrom“, siehe Kasten). Das können, wie oben beschrieben, Giftstoffe und Pilze, aber auch nicht vollständig verdaute Nahrungsbestandteile sein. Dadurch wird die Darmfunktion beeinträchtigt.

> Am Anfang einer Unverträglichkeit steht eine gestörte Darmflora.

Ein weiterer Grund kann sein, dass der Darm durch die beschriebene Veränderung nicht mehr alle Substanzen, die für die Verdauung notwendig sind, herstellen kann, wie Proteine oder Enzyme. Dann kann beispielsweise Fruchtzucker nicht mehr ausreichend durch die Dünndarmwand zur Leber transportiert werden und gelangt so in den Dickdarm. Dort verwerten ihn die Bakterien, die für Blähungen, Durchfälle und Bauchschmerzen verantwortlich sind. Laktose landet ebenfalls unverdaut im Dickdarm, wenn das zuständige Verdauungsenzym Laktase nicht mehr oder nur unzureichend gebildet wird. Laktose bindet dort Wasser und wird auch teilweise von den dortigen Darmbakterien abgebaut – mit den schon genannten Unverträglichkeitsfolgen.

Einer neuen Theorie zufolge ist der Darm bei Multiintoleranzen grundlegend irritiert. Dafür kann es verschiedene Gründe geben: Zusatzstoffe aus der Nahrung, längere Einnahmen von Antibiotika oder auch schwere Magen-Darm-Infekte können die Darmflora aus dem Gleichgewicht bringen.

Leaky-Gut-Syndrom

Der englische Begriff „leaky gut" heißt wörtlich übersetzt „löchriger Darm". Medizinisch spricht man eher von Permeabilitäts-, Barriere- oder Tight-Junction-Störung. Gemeint ist eine Veränderung der Darmwand, die für solche Stoffe durchlässig wird, die eigentlich nicht durch die Darmwand austreten sollen. Ob der Leaky Gut ein Symptom von verschiedenen Erkrankungen, beispielsweise Autoimmunerkrankungen ist, durch diese also erst ausgelöst wird, oder ob es sich um eine eigenständige Erkrankung handelt, ist nicht geklärt und wird in Medizinerkreisen heftig diskutiert. Als mögliche Ursache wird auch die schon genannte bakterielle Fehlbesiedlung vermutet. Die Folgen dieser erhöhten Durchlässigkeit sind vielfältig und können sich in Nahrungsmittelintoleranzen äußern.

Unverträglichkeiten erkennen

Leider gibt es kein eindeutiges Erkennungszeichen, denn Nahrungsmittelunverträglichkeiten können sich mit sehr unterschiedlichen Symptomen äußern – von Hautirritationen über Magen- und Darmbeschwerden, einer laufenden oder verstopften Nase bis zu allgemeinen Beschwerden wie Kopfschmerzen, Benommenheit oder Müdigkeit. Das erschwert das Erkennen einer Unverträglichkeit als solche sowie der auslösenden Nahrungsmittel.

Zudem treten die Symptome nicht unbedingt direkt nach einer Mahlzeit auf, wodurch der direkte Zusammenhang nicht eindeutig zu erkennen ist. Wenn es beim Genuss von Nüssen oder Äpfeln in Ihrer Mundhöhle zu jucken beginnt, lässt sich das noch auf das verzehrte Lebensmittel zurückführen; in der Regel handelt es sich in diesen Fällen um eine Allergie. Doch wenn Durchfall oder Bauchkrämpfe erst viele Stunden nach dem Verzehr des unverträglichen Nahrungsmittels auftauchen, fällt es schwer, dies auf einen bestimmten Inhaltsstoff zurückzuführen.

Mögliche Symptome bei Nahrungsmittelunverträglichkeiten

Haut: Hautrötungen, Juckreiz, Haut- und Schleimhautschwellungen
Magen-Darm-Bereich: Bauchschmerzen, Bauchkrämpfe, Übelkeit, Erbrechen, Bauchgrummeln, Blähungen und Durchfall, häufiges Aufstoßen, Verstopfung
HNO-Bereich: laufende oder verstopfe Nase, Schluckstörungen
Kopfbereich: Kopfschmerzen, Benommenheit
Allgemeinbefinden: Abgeschlagenheit, Müdigkeit, Konzentrationsstörungen, Schlafstörungen, Schwindel, Herzrasen, Gewichtsverlust

Unverträglichkeit, Intoleranz und Allergie

Auch, wenn sich die Beschwerden ähneln, unterscheiden sich Allergien auf Nahrungsmittel und Unverträglichkeiten grundlegend. Nahrungsmittelunverträglichkeiten sind erst einmal alle reproduzierbaren, unerwünschten und unerwarteten Reaktionen, die nach dem Verzehr bestimmter Nahrungsmittel auftreten. Allgemein anerkannt ist die Einteilung der Europäischen Akademie für Allergologie und klinische Immunologie (EAACI), die Ihnen vielleicht schon einmal begegnet ist. Diese unterscheidet Unverträglichkeiten gegenüber Nahrungsmitteln in toxische und nicht toxische Reaktionen.

Nahrungsmittelunverträglichkeiten sind alle reproduzierbaren, unerwarteten Reaktionen, die nach dem Verzehr bestimmter Nahrungsmittel auftreten.

Demnach sind toxische Reaktionen Vergiftungen mit toxischen Nahrungsinhaltsstoffen. Dazu gehören z. B. Pilzgifte oder Gifte aus verdorbenen Speisen. Die nicht toxischen Reaktionen – auch Hypersensitivität genannt – sind dagegen Überreaktionen des Körpers auf eigentlich nicht giftige Stoffe. Zu diesen zählen sowohl allergische Reaktionen als auch nicht allergische Unverträglichkeiten.

Folglich werden nicht toxische Reaktionen weiter in immunologisch vermittelte und nicht immunologisch vermittelte Reaktionen unterteilt. Zu ersteren zählen alle Allergien, zu letzteren

Kohlenhydratverwertungsstörungen (zum Beispiel Laktose- oder Fruktoseunverträglichkeit) sowie Pseudoallergien, die sich gegen natürliche Aromastoffe und diverse Zusatzstoffe richten.

Unverträglichkeit ist der Oberbegriff

Unverträglichkeiten auf Nahrungsmittel bilden also einen Überbegriff, der sowohl Allergien als auch nicht allergische Reaktionen einbezieht. Im allgemeinen Sprachgebrauch und selbst unter Medizinern hat sich jedoch durchgesetzt, einfach Allergien und Unverträglichkeiten bzw. Intoleranzen voneinander zu unterscheiden. Dabei werden beide Begriffe synonym verwendet. Mit Unverträglichkeit oder Intoleranz sind dann nur die nicht immunologisch vermittelten Unverträglichkeiten gemeint. Auch in diesem Buch soll es ausschließlich um nicht immunologisch vermittelte Reaktionen gehen.

Eine Unverträglichkeit ist eine Überreaktion des Körpers auf eigentlich nicht toxische Stoffe.

Wie der Begriff sagt, ist bei einer nicht immunologisch vermittelten Unverträglichkeit das Immunsystem nicht beteiligt. Diese Unverträglichkeiten kommen weitaus häufiger als Allergien vor. Sie erinnern sich: Etwa 25 Prozent der Bevölkerung gibt an, unter einer Nahrungsmittelallergie zu leiden. Dagegen sind nur 2 bis 4 Prozent der Erwachsenen und 6 bis 8 Prozent der Kinder von einer immunologisch bedingten Unverträglichkeit betroffen. Bei allen anderen liegt eher entweder eine toxische (Lebensmittelvergiftung) oder eine nicht immunlogische Ursache vor.

Die gute Nachricht: Im Gegensatz zu Allergien müssen Sie bei Unverträglichkeiten im Allgemeinen nicht ganz auf unverträgliche Lebensmittel verzichten. Kleine Mengen werden häufig vertragen, die Dosis ist individuell verschieden und kann gut durch Selbstversuche ausgetestet werden. Wenn Sie die fraglichen Lebensmittel eine Zeit lang meiden, ist sogar nicht unwahrscheinlich, dass Sie sie nach dieser Karenzzeit wieder vertragen.

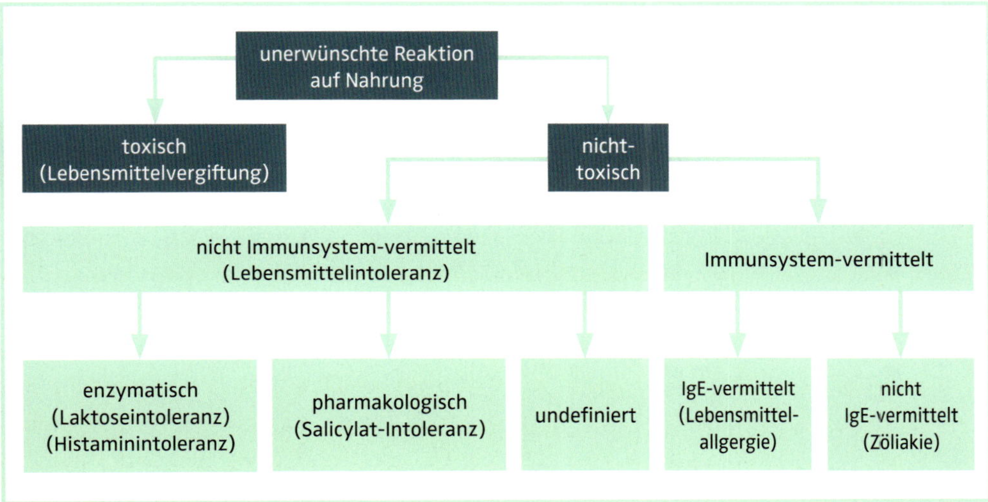

Die Einteilung von Unverträglichkeiten, Intoleranzen und Allergien

Allergie und Unverträglichkeit unterscheiden

Die Symptome einer Lebensmittelintoleranz und -allergie ähneln sich oftmals bzw. überlappen sich. Für Sie als betroffene Person ist es also nicht ganz einfach, einzuordnen, unter welchem der beiden Phänomene Sie leiden. Eine erste Orientierung zur Unterscheidung bieten die folgenden Punkte:

Allergie oder Unverträglichkeit?

LEBENSMITTELALLERGIE	LEBENSMITTELUNVERTRÄGLICHKEIT
tritt in der Regel plötzlich auf	tritt in der Regel allmählich auf
Auslöser können schon kleine Mengen sein	Auslöser sind größere Mengen
tritt bei jedem Verzehr des Lebensmittels auf	tritt nur bei häufigem Verzehr auf
kann lebensbedrohlich sein	ist nicht lebensbedrohlich

Häufige gemeinsame Symptome sind Übelkeit, Magenschmerzen, Durchfall und Erbrechen. Bei einer Allergie sind außerdem

Hautreizungen, Atembeschwerden, Schmerzen in der Brust oder lebensgefährliche Beschwerden wie ein plötzlicher Blutdruckabfall oder Schwierigkeiten beim Schlucken beziehungsweise Atmen typisch. Bei Intoleranzen kommen eher Blähungen, Sodbrennen, Kopfschmerzen, Reizbarkeit oder Nervosität vor. Während bei Allergien oft schon verschwindend kleine Dosen zu den Beschwerden führen, werden nicht immunologisch vermittelte Reaktionen eher bei Genuss größerer Mengen ausgelöst.

Nachweis von Allergien oder Unverträglichkeiten
Bei Lebensmittelallergien werden Antikörper gebildet, die im Blutbild (Antikörper-Test) nachweisbar sind. Auch über Hautreaktionen bei Hauttests (Prick-Test) kann Ihr Arzt eine Allergie deutlich von einer Unverträglichkeit unterscheiden, denn bei Letzteren sind keine Hautreaktionen zu erwarten.

Herausfinden, was man nicht verträgt

Wie Sie nun wissen, kann entweder eine Allergie oder eine Unverträglichkeit auf Nahrungsmittel die entsprechenden Beschwerden auslösen. Im nächsten Schritt geht es darum, die Auslöser dingfest zu machen, also herauszufinden, welche Nahrungsmittel oder Inhaltsstoffe aus Nahrungsmitteln Sie nicht vertragen.

Der Nachweis durch Tests

Wenn Sie einen Verdacht haben, kann Ihr Arzt verschiedene Untersuchungsmethoden anwenden. Der Nachweis von Allergien ist mit Haut- oder Bluttest möglich. Bei einer Unverträglichkeit kommen Sie mit diesen Arten von Tests aber leider nicht weiter: Da das Immunsystem hier nicht beteiligt ist, lassen sich folglich auch keine immunologischen Reaktionen provozieren. Für manche Unverträglichkeiten wurden Tests entwickelt, die eine Unverträglichkeit in der Ausatemluft erkennen lassen.

Das Ernährungsprotokoll

In vielen Fällen ist eine Such- oder Eliminationsdiät das sinnvollste und zielführendste Mittel, um den unverträglichen Stoffen auf die Spur zu kommen. Dafür ist es nötig, dass Sie über mehrere Wochen ein Ernährungstagebuch führen. Darin tragen Sie täglich ganz genau alles ein, was Sie verzehren. Vermerken Sie dabei auch die Zubereitungsart (roh, gekocht, gebraten) sowie Gewürze. Selbstverständlich gehören nicht nur die Hauptmahlzeiten, sondern wirklich alle Kleinigkeiten zwischendurch sowie Getränke dazu. Schnell vergisst man die Handvoll Gummibärchen, das Hustenbonbon oder den Kaugummi – doch auch diese Mini-Snacks gehören ins Protokoll.

Eine Suchdiät ist das zielführendste Mittel, um den unverträglichen Stoffen auf die Spur zu kommen.

Verzichten Sie in dieser Zeit auf keinen Fall auf bestimmte Lebensmittel, die Sie vielleicht schon in Verdacht haben, sondern essen Sie ganz normal, idealerweise besonders abwechslungsreich, damit Sie möglichst viele Nahrungsmittel erfassen.

Ein sinnvolles Ernährungsprotokoll besteht aus folgenden Eintragungen:

1. Zeitpunkt der Nahrungsaufnahme
2. Lebensmittel, Gerichte und Getränke (mit ausreichend Platz, um verschiedene Zutaten, Gewürze, Zubereitungsarten etc. notieren zu können)
3. Genaue Mengen (in Gramm, Millilitern oder Stück)
4. Beschwerden (Wann? Welche? Dauer? Schwere?)
5. Sonstige (mit ausreichend Platz, um zusätzliche Informationen wie Ort, Erkrankungen, Art und Intensität der Bewegung, besondere Ereignisse etc. notieren zu können)

Ob Sie das Tagebuch mit der Hand schreiben oder den Computer nutzen, ist Geschmackssache. Im Internet können Sie sich passende Vorlagen herunterladen, aber auch das Führen eines handschriftlichen Tagebuchs in einem schönen Notizbuch kann eine

Motivation sein. Ernährungsprotokolle gibt es auch als App, meistens liegt deren Schwerpunkt aber auf der Gewichtsabnahme, und eine Erfassung von Beschwerden ist nicht möglich – was solche Angebote für Ihre Zwecke ungeeignet macht.

Dieses Protokoll sollten Sie einige Wochen, jedoch mindestens 14 Tage führen. Die aussagekräftige Auswertung des Protokolls ist für einen Laien kaum möglich, das hat verschiedene Gründe:

- Unverträglichkeiten zeigen sich längst nicht immer direkt nach dem Verzehr – was auch ohne das Protokoll schon die Ursache vermuten ließe –, sondern manchmal erst viele Stunden danach.
- Für Laien ist nicht immer zu erkennen, welche Stoffe sich im Einzelnen in den verschiedenen Nahrungsmitteln befinden, um auf die entsprechende Unverträglichkeit schließen zu können. Deshalb sollte das Protokoll unbedingt von einer Ärztin oder einem Ernährungswissenschaftler ausgewertet werden.

Ernährungsprotokolle sollten von Fachleuten ausgewertet werden.

Bei der Auswertung des Protokolls werden sich vielleicht ein oder auch mehrere Inhaltsstoffe herauskristallisieren, auf die Ihr Körper mit Unverträglichkeiten reagiert. Ist das nicht der Fall, dann liegt bei Ihnen vielleicht keine Unverträglichkeit oder Allergie vor, und die Ursache Ihrer Symptome muss woanders gesucht werden.

Einige Unverträglichkeiten sind besonders häufig. Dazu gehören die auf glutenhaltige Nahrungsmittel, Laktose, Fruktose, Histamin und Sorbit. Haben Sie festgestellt, dass die ein oder andere Unverträglichkeit auch Sie betrifft? In den folgenden Kapiteln erfahren Sie mehr über die unverträglichen Inhaltsstoffe, in welchen Lebensmitteln sie vorkommen, welche Diagnosemethoden es noch gibt und welche Symptome typisch sind.

Ernährungsprotokoll

Datum: ______________________ Arbeitstag/freier Tag/Wochenende

ZEITPUNKT	UHRZEIT	LEBENSMITTEL UND GERICHTE	GETRÄNKE	BESCHWERDEN	SONSTIGES
Frühstück	7	1 Brötchen mit Marmelade, 1 Brötchen mit Honig	2 Tassen Kaffee	Abgeschlagenheit, Magengrummeln	
zwischendurch	9.30	1 Schokoriegel	1 Tasse Kaffee	leichter Durchfall	
Mittagessen	12.45	1 Bratwurst 2 große Löffel Kartoffelpüree 1 Löffel Erbsen und Möhren 1 Beilagensalat (Eisbergsalat, Rote Bete, Möhren) mit Vinaigrette 1 Himbeerquark	1 Cola (0,3 l)	Müdigkeit, Völlegefühl, Kopfschmerzen	sehr stressige und lange Sitzung bei der Arbeit
zwischendurch	16	Heidelbeermuffin	1 Tasse Kaffee	Kopfschmerzen	1 Aspirin genommen
Abendessen	18.30	3 Scheiben Toast 2 Rühreier 2 Scheiben gekochter Schinken ¼ Salatgurke	1 alkoholfreies Bier (0,3 l)	keine	
später	22.30	2 Handvoll Salzstangen	1 Weizenbier, (0,5 l)	Völlegefühl	Kneipenbesuch nach dem Walking
Bewegung	19.45–20.30				Walkinggruppe

Nicht immer steckt hinter Beschwerden eine echte Nahrungsmittelintoleranz.

Kein Verzicht ohne Not

Steckt hinter den Beschwerden immer eine Nahrungsmittelintoleranz? Und ist der Verzicht auf Gluten, Laktose und andere Inhaltsstoffe vielleicht sogar ganz allgemein gesünder? Viele Menschen sind davon überzeugt, dass sie ihrer Gesundheit mit dem Verzicht auf Gluten oder Laktose etwas Gutes tun, ohne überhaupt unter Unverträglichkeiten gegen diese Nahrungsmittel zu leiden. Eine Studie der Gesellschaft für Konsumforschung (GfK) etwa zeigte, dass etwa 80 Prozent der Käufer laktosefreier Lebensmittel gar keine nachgewiesene Laktoseintoleranz hatten. Und einer Marktforschungsstudie zufolge lebt in den USA schon jeder zehnte Haushalt glutenfrei, obwohl deutlich weniger Menschen unter einer Glutenunverträglichkeit leiden.

Es ist gut vorstellbar, dass das große und weitgefächerte Angebot an Produkten, die den Eindruck vermitteln, sie brächten generell positive, gesundheitsfördernde Aspekte wie eine Gewichtsabnahme oder gesundheitliche Vorteile mit sich, zu dieser oftmals unnötigen Vorsicht beiträgt.

Gluten, Laktose, Fruktose, Histamin oder Sorbit in Lebensmitteln sind aber nicht ungesund, sondern es sind ganz natürlich vorkommende Inhaltsstoffe, die wertvolle Nährstoffe zu einer gesunden Ernährung beisteuern. Der grundsätzliche Verzicht auf diese Inhaltsstoffe ist nicht notwendig, solange Sie Verdacht auf eine Allergie oder eine Unverträglichkeit haben. Wer trotzdem konsequent auf solche Nahrungsmittel verzichtet, schränkt sich grundlos ein und riskiert im schlimmsten Fall einen Nährstoffmangel durch einseitige Ernährung. Da gluten- oder laktosefreie Produkte oft kostspieliger sind, leidet außerdem der Geldbeutel.

Sinnvoll und wichtig ist der Verzicht auf bestimmte Lebensmittelinhaltsstoffe nur dann, wenn diese Ihnen wirklich Beschwerden bereiten, wenn also eine Nahrungsmittelunverträglichkeit vorliegt. Finden Sie also zunächst heraus, ob Ihre Beschwerden auf eine Unverträglichkeit zurückzuführen sind, und stellen Sie nur dann, wenn sich Ihr Verdacht bestätigt, Ihren Speiseplan passgenau um.

Die häufigsten Unverträglichkeiten

Die folgenden Intoleranzen sind Ihnen sicher schon öfter begegnet, denn sie sind in Deutschland weit verbreitet. Auf den folgenden Seiten erfahren Sie, wie sie entstehen, wie sie diagnostiziert und behandelt werden und bei welchen Lebensmitteln Vorsicht geboten ist.

Glutenunverträglichkeit

Was ist Gluten und worin ist es enthalten?
Gluten ist eine Eiweißverbindung, die in vielen, aber nicht allen Getreidesorten enthalten ist. Sie besteht vorwiegend aus zwei Eiweißverbindungen, von denen aber nur eine (Prolamin) für die Unverträglichkeitsreaktionen verantwortlich ist. Jede Sorte – ob Weizen, Roggen oder Gerste – hat ihr eigenes, spezifisches Glutenprofil. Hafer ebenfalls, doch im Gegensatz zu den anderen Sorten ist der Teil des Glutens, der für Unverträglichkeiten sorgt, bei ihm in so geringer Menge vorhanden, dass er in der Regel keine Probleme verursacht.

Zusammen mit Wasser bilden bestimmte Glutenarten das sogenannte Kleberweiß, das ist eine Struktur, die die Stärke des Getreides verbindet. Klebereiweiß ermöglicht, das Teige ideal verarbeitet werden können, beim Backen gut aufgehen und eine weiche, elastische Krume und knusprige Kruste erzeugen. Weil Weizen die besten Klebereigenschaften besitzt, ist er das Brotgetreide Nummer eins. Moderne Weizenzüchtungen enthalten zur Verbesserung der Backeigenschaften dieses Klebereiweiß nicht nur in großen Mengen, sondern in einer für das Backergebnis

> Moderne Weizenzüchtungen sind ein Grund dafür, dass vor allem Weizen bei so vielen Menschen zu Unverträglichkeiten führt.

besonders günstigen Zusammensetzung. Diese Tatsache wird aber auch oft dafür verantwortlich gemacht, dass vor allem Weizen heute bei so vielen Menschen zu Unverträglichkeiten führt.

Auch Dinkel und die alten Getreidesorten Emmer und Einkorn haben gute Klebereigenschaften, der Glutengehalt ist in Dinkel sogar noch höher als in Weizen – was aber nichts über seine Verträglichkeit aussagt. Roggen kann diese nur in Verbindung mit Säure entfalten und muss deshalb mit Sauerteig verarbeitet werden. Gerste besitzt kaum Klebereigenschaften.

Glutenhaltige Getreide, die Unverträglichkeiten verursachen können, sind: Weizen, Dinkel, Grünkern, Roggen, Gerste, Triticale, Einkorn, Emmer und Kamut.

Glutengehalte von Getreide und Getreiderzeugnissen

Dieser Tabelle können Sie entnehmen, in welchen Getreiden und Getreideprodukten besonders viel Gluten enthalten ist. Welche Mengen noch verträglich sind, ist zwar individuell unterschiedlich – diese Übersicht kann jedoch eine Orientierung bieten.

LEBENSMITTEL	MITTELWERT ca. (mg/100 g)
Getreide und Mehl	
Dinkelmehl Type 630	10.300
Dinkel (Korn)	9900
Dinkelmehl Vollkorn	9460
Weizenmehl Type 405	8660
Weizenmehl Vollkorn	8300
Weizen (Korn)	7700
Weizenmehl Type 550	7520
Grünkern (Korn)	7100
Haferflocken (verarbeitungstechnisch bedingt)	5660
Hafermehl (verarbeitungstechnisch bedingt)	5600

LEBENSMITTEL	MITTELWERT ca. (mg/100 g)
Gerste (Korn, entspelzt)	5600
Gerstengraupen	4700
Weizenkleie	4660
Roggenschrot	3450
Roggenmehl Type 997	3180
Roggen (Korn)	3100
Getreidehaltige Produkte	
helle Brötchen	9200
Weizentoastbrot	6900
Weizenbrot Vollkorn	6500
Eiernudeln gekocht	4300
Weizenmischbrot	3840
Roggenmischbrot	3300
Tortenboden	2160
Roggenbrot Vollkorn	1580
Bier	
Weizenbier	274
Vollbier dunkel	4,6
alkoholfreies Bier	3,2
Vollbier hell	2,7
Pils	1,2

Quelle: https://www.mein-allergie-portal.com

Wie kommt es zur Unverträglichkeit und wie äußert sie sich?

Die Medienberichterstattung in den letzten Jahren hat dazu beigetragen, dass viele Menschen bei Gluten und insbesondere Weizen unsicher sind. Nicht wenige sind der Überzeugung, dass Gluten grundsätzlich schlecht für sie sei, sie dick und krank mache. Oftmals werden alle Formen der Unverträglichkeit in einen Topf geworfen, statt sie differenziert zu betrachten. Das führt zu Fehlinterpretationen, Verwirrung und Unsicherheit, die die Bedenken gegenüber Gluten weiter befeuern.

Wichtig: Bei Zöliakie, Weizenallergie und der sogenannten „Nicht-Zöliakie-Nicht-Weizenallergie-Weizensensitivität" sind die Ursachen und physiologischen Reaktionen verschiedene. Liegt eine Unverträglichkeitsreaktion vor, muss also zuerst die Ursache ermittelt werden.

ATI-Sensitivität: Was ist das?

Heute geht man davon aus, dass gar nicht das Gluten selbst bei Unverträglichkeit Beschwerden verursacht, sondern ein damit assoziierter Eiweißstoff: die Alpha-Amylase-Trypsin-Inhibitoren, kurz ATIs. Diese Getreidestoffe, die die Pflanze vor Schädlingsbefall und Krankheiten schützen sollen, können im Darm Entzündungsreaktionen auslösen oder verstärken. Tatsächlich ist der Anteil an ATIs in modernen Weizenzüchtungen teilweise deutlich höher als in ursprünglicheren Sorten. Für das Beschwerdebild und den Umgang mit den Beschwerden spielt es aber keine Rolle, ob nun Gluten selbst oder die damit verbundenen ATIs ursächlich sind, denn beide sind nicht voneinander zu trennen. Sie befinden sich gemeinsam im Getreidekorn und damit auch in Mehl und anderen Produkten aus Getreide.

Noch ist die Zöliakie nicht völlig verstanden. Es handelt sich einerseits um eine Autoimmunerkrankung, denn das Immunsystem schädigt bei der Erkrankung körpereigene Zellen. Betroffene können aber relativ beschwerdefrei leben, solange sie sich konsequent glutenfrei ernähren. Damit hat die Zöliakie andererseits gewisse Ähnlichkeit mit einer Nahrungsmittelallergie. Schon geringste Glutenmengen verursachen im Darm eine chronische Entzündung. Dadurch verringert sich die Kapazität des Darms für die Nährstoffaufnahme. Die Folge sind nicht nur heftige Magen-Darm- und andere Beschwerden sowie krankhafte Veränderungen der Darmschleimhaut, sondern auch schwerwiegende Mangelerscheinungen.

> Wer unter einer Zöliakie leidet, muss sehr konsequent und dauerhaft auf glutenhaltige Nahrungsmittel verzichten.

Die echte Weizenallergie

Eine echte Weizenallergie kommt bei Erwachsenen seltener als bei Babys und Kindern vor. Bekannt ist auch das unter Bäckern häufig vorkommende sogenannte „Bäckerasthma", bei dem die Allergene über den Mehlstaub in der Luft eingeatmet werden. Bei einer Weizenallergie sind nicht nur das Gluten oder die damit assoziierten ATIs ein Problem, sondern auch andere Eiweiße wie Albumin und Globulin. Auch hier muss konsequent auf Glutenhaltiges verzichtet werden.

Weizen- oder Glutenunverträglichkeit

Was gemeinhin als **Weizen- oder Glutenunverträglichkeit** bezeichnet wird, trägt wissenschaftlich den Bandwurmbegriff „Nicht-Zöliakie-Nicht-Weizenallergie-Weizensensitivität". Da man zu dieser Form der Unverträglichkeit noch nicht genug weiß, kann man sie nur nach dem Ausschlussprinzip benennen: Wenn es sich weder um eine Zöliakie noch um eine Weizenallergie handelt, dann ist es eben eine „Nicht-Zöliakie-Nicht-Weizenallergie-Weizensensitivität". Von dieser Form der Unverträglichkeit auf glutenhaltige Produkte sind immer mehr Menschen betroffen. Im Gegensatz zu einer Zöliakie oder Allergie müssen sie nicht komplett auf Gluten verzichten und vertragen kleinere Mengen.

> Von dieser Form der Unverträglichkeit auf glutenhaltige Produkte sind immer mehr Menschen betroffen.

Bei Beschwerden im Verdauungstrakt sind viele Formen der Irritationen möglich: Bauchschmerzen, Durchfall, Verstopfung, Blähungen oder Völlegefühl. Häufig sind auch Symptome außerhalb des Verdauungssystems wie Kopfschmerzen und Migräne, Müdigkeit und Benommenheit, Gelenk- und Muskelschmerzen, Hautveränderungen wie Ekzeme und sogar depressive Stimmung und Anämie.

Diagnose und Behandlung

Im Gegensatz zu allergischen oder allergieähnlichen Reaktionen auf Gluten gibt es bei einer Nicht-Zöliakie-Nicht-Weizenallergie-Weizensensitivität noch keine spezifischen Nachweismethoden. Bestehen bei Ihnen Beschwerden beim Verzehr von glutenhaltigen Lebensmitteln und konnten Sie diesen Zusammenhang mittels Ernährungsprotokoll bestätigen, sollten Sie zuerst eine Zöliakie oder eine Weizenallergie ausschließen.

Wer unter einer Unverträglichkeit gegenüber glutenhaltigem Getreide leidet, sollte zumindest seinen Konsum reduzieren.

Wer unter einer Unverträglichkeit gegenüber glutenhaltigem Getreide leidet, sollte seinen Konsum reduzieren, muss aber nicht unbedingt ganz auf glutenhaltiges Getreide verzichten. Dabei ist es individuell sehr verschieden, welche Mengen an Gluten vertragen werden. Manche Menschen entwickeln bei bestimmten Getreidesorten auch keine Symptome und können diese Getreide problemlos verzehren. Das Ernährungsprotokoll kann Ihnen über verträgliche Mengen Aufschluss geben: Solange es sich nicht um eine Allergie oder Zöliakie handelt, sind geringe Glutenmengen verträglich. Sie müssen daher auch nicht zwingend auf glutenfreie Haferflocken ausweichen, denn die aus verarbeitungstechnischen Gründen enthaltenen Glutenmengen sind bei einer Unverträglichkeit in der Regel absolut tolerabel.

Fazit: Das dürfen Sie essen

Bei einer Glutenunverträglichkeit müssen Sie, je nach Ausprägung, auf manche Getreidesorten verzichten. Vor allem Weizen, meist auch Dinkel, Roggen und Gerste. Diese Getreidearten können Sie durch glutenfreie Getreide ersetzen, die mindestens so gute, wenn nicht bessere Nährstoffgehalte haben. Glutenfreie Getreide sind Reis, Wildreis, Mais, Buchweizen, Hirse, Teff, Amaranth, Quinoa.

Laktoseintoleranz

Was ist Laktose und worin ist sie enthalten?

Milch ist die einzige Nährstoffquelle in den ersten Lebenswochen eines Säugetiers, und damit auch des Menschen. Deshalb enthält sie alle für Wachstum und Entwicklung notwendigen Inhaltsstoffe. Laktose oder Milchzucker ist einer dieser essenziellen Inhaltsstoffe.

Laktose ist ein Zucker, der sich in Milch und vielen Milchprodukten befindet. Wird ein Milchprodukt gesäuert, dann wird ein großer Teil des Milchzuckers zu Milchsäure umgewandelt und das Produkt somit verträglicher. Viele Menschen mit Laktoseintoleranz vertragen deshalb gesäuerte Milchprodukte, also Joghurt, Quark, Kefir, saure Sahne, Schmand, Crème fraîche, Buttermilch, Skyr und Dickmilch. Auch Hartkäse enthält so gut wie keine Laktose, da der größte Teil schon bei der Herstellung mit der Molke entfernt wird. Der noch verbliebene Milchzucker wird dann durch den Reifeprozess abgebaut. Je reifer der Käse ist, desto weniger Laktose ist darin enthalten.

> Viele Menschen mit Laktoseintoleranz vertragen gesäuerte Milchprodukte.

Doch Laktose versteckt sich leider auch in nicht milchhaltigen Produkten, denn sie ist aufgrund vieler positiver Eigenschaften bei der Lebensmittelproduktion beliebt. Sie hat beispielsweise eine geringere Süßkraft als Haushaltszucker, eine hohe Wasserbindungsfähigkeit und ist als Trägersubstanz für Gewürze, Aromen und Geschmacksverstärker bestens geeignet. Weil sie so vielseitig ist, findet man sie in vielen Fertigprodukten. Die Mengen sind zwar eher gering, aber können sich summieren, wenn Sie viele dieser Lebensmittel zu sich nehmen. Solange Produkte nicht ausdrücklich als laktosefrei deklariert sind, sollten Sie einen Blick auf die Zutatenliste werfen.

Lebensmittel, denen Laktose zugesetzt sein kann, sind Aufstriche, (Halb-)Fertiggerichte, Fastfood, Backwaren, Gewürzmischungen, Fix- und Instantprodukte, Fertigsaucen, Konserven, Wurstwaren, Schokolade, Süßigkeiten.

Laktosegehalt in Milch und Milchprodukten

Dieser Tabelle können Sie entnehmen, in welchen Lebensmitteln besonders viel Laktose enthalten ist. Welche Mengen noch verträglich sind, ist zwar individuell unterschiedlich – diese Übersicht kann jedoch eine Orientierung bieten.

LEBENSMITTEL	MITTELWERT (g in 100 g)
Molkenpulver	65,9
Kaffeeweißer	55,0
Molkenkäse	53,8
Magermilchpulver	50,5
Vollmilchpulver	35,1
Kondensmilch, 10 % Fett	12,5
Süßmolke	4,7
Kuhmilch, 3,5 % Fett	4,7
Schafsmilch	4,4
Ziegenmilch	4,2
Dickmilch, 1,5 % Fett	4,1
Buttermilch	4,0
Kefir, 3,5 % Fett	3,6
Saure Sahne, 10 % Fett	3,5

LEBENSMITTEL	MITTELWERT (g in 100 g)
Mascarpone	3,4
Ricotta, mind. 45 % Fett i. Tr.	3,4
Sahne, 30 % Fett	3,3
Körniger Frischkäse (Hüttenkäse)	3,3
Quark, < 10 % Fett i. Tr.	3,2
Joghurt, 3,5 % Fett	3,2
Joghurt, 10 % Fett	2,7
Frischkäse	2,6
Appenzeller, mind. 50 % Fett i. Tr.	< 1
Brie, mind. 60 % Fett i. Tr.	< 1
Camembert, mind. 40 % Fett i. Tr.	< 1
Feta	< 1
Mozzarella	< 1
Butterkäse	< 0,1
Emmentaler, mind. 45 % Fett i. Tr.	< 0,1
Gorgonzola	< 0,1
Gouda, mind. 45 % Fett i. Tr.	< 0,1
Greyerzer, mind. 50 % Fett i. Tr.	< 0,1
Parmesan	< 0,1

Quelle: DEBInet https://www.ernaehrung.de

Wie kommt es zur Unverträglichkeit?

Ebenso wie Weizen bzw. Gluten, steht Milch und damit Laktose in Verruf, ungesund zu sein. Skeptiker führen ins Feld, es sei unnatürlich, die ausschließlich für Tierbabys gedachte Milch zu konsumieren, und bescheinigen ihr etliche gesundheitliche Nachteile. Wer Milch und Milchprodukte verträgt, profitiert aber von vielen gesunden Inhaltsstoffen wie Kalzium und Eiweiß.

> Im Gegensatz zu anderen Säugetieren behalten viele Menschen ein Leben lang die Fähigkeit, Laktose aufzuspalten und verdaulich zu machen.

Im Gegensatz zu allen anderen Säugetieren behalten viele Menschen ein Leben lang die Fähigkeit, Laktose in die beiden Zuckermoleküle Glukose und Galaktose aufzuspalten und damit verdaulich zu machen. Möglich macht dies das Enzym Laktase, das beim Menschen im Gegensatz zum Tier auch nach dem Abstillen noch vorhanden ist. Diese Fähigkeit ist weltweit sehr unterschiedlich verbreitet und von Herkunft und Ethnie abhängig. Europäer vertragen Laktose beispielsweise sehr viel häufiger als Asiaten. Aber auch in Europa nimmt die Anzahl derer, die keine Laktose vertragen, zu.

Wenn der Bauch nach dem Genuss von Milchprodukten grummelt und krampfartig schmerzt, Sie aufstoßen müssen oder Ihnen übel ist oder Sie gar Erbrechen müssen, Ihr Bauch gebläht ist und Sie von Durchfällen geplagt werden, dann könnte das eine Laktoseintoleranz sein. Je nach Beschaffenheit der Mahlzeit kann es 15 Minuten bis drei Stunden dauern, bis sich solche Symptome zeigen. Entweder fehlt dann das Enzym Laktase, das zum Aufspalten der Laktose im Darm nötig ist, um die entstehenden Zuckermoleküle verdauen zu können, oder das Enzym ist nicht aktiv genug. Wird die Laktose nicht aufgespalten, verbleibt sie im Darm und wird dort von Bakterien vergoren, was die genannten Beschwerden verursacht.

Primäre Laktoseintoleranz Man unterscheidet zwischen verschiedenen Arten der Laktoseintoleranz: Bei der primären Form wird die Enzymaktivität nach dem Babyalter, meist ab dem zweiten Lebensjahr, immer schwächer, sodass Laktose nicht mehr in ausreichender Menge aufgespalten werden kann – wobei eine Aktivität von 50 Prozent noch als ausreichend gilt. Symptome zeigen sich aber überwiegend noch nicht im Kindesalter, sondern erst bei Erwachsenen.

Sekundäre Laktoseintoleranz Eine sekundäre Laktoseintoleranz kann eine Folge verschiedener Erkrankungen sein, z. B. von

Darmkrankheiten oder veränderten Verhältnissen im Magen-Darm-Trakt, etwa nach einer Operation oder nach einer längeren Antibiotikabehandlung. Auch dann wird die Laktose nicht mehr richtig verdaut. Wird die Ursache behoben und hat sich die Laktasebildung erholt, entwickelt sich auch die Laktoseintoleranz wieder zurück.

Angeborene Laktoseintoleranz Eine angeborene Laktoseintoleranz mit absolutem Laktasemangel bei Säuglingen kommt nur sehr selten vor. Die Babys vertragen keine Muttermilch und erkranken bereits in den ersten Lebenswochen schwer, wenn sie nicht rechtzeitig behandelt werden.

Eine angeborene Laktoseintoleranz ist sehr selten.

Diagnose und Behandlung

Bei Verdacht auf Laktoseintoleranz ist der H2-Laktose-Atemtest, auch Wasserstoffatemtest genannt, das wichtigste Diagnoseinstrument. Dabei trinken Sie nach zwölfstündiger Nahrungskarenz eine bestimmte Menge in Wasser aufgelösten Milchzuckers und atmen in ein Messgerät aus. Liegt ein Laktasemangel vor, dann führt die bakterielle Zersetzung des Milchzuckers im Dickdarm zur Bildung von Wasserstoff, der sich in der Atemluft nachweisen lässt.

Auch ein Bluttest ist aussagekräftig: Hier lässt sich prüfen, wie stark sich der Glukosespiegel nach dem Trinken eines laktosehaltigen Getränks erhöht, da Glukose eines der beiden Spaltprodukte von Laktose ist. Mittels Genanalyse kann die genetische Veranlagung für Laktoseintoleranz ermittelt werden.

Bisher ist Laktoseintoleranz leider noch nicht behandelbar. Sie bekommen sie aber gut in den Griff, wenn Sie Ihre individuelle Verträglichkeitsgrenze austesten und Milch, Milchprodukte und laktosehaltige Lebensmittel entsprechend meiden oder einschränken. Dafür ist die dreistufige Ernährungsumstellung geeignet (siehe Seite 51). Zudem können Sie, wenn es doch einmal eine laktosehaltige Mahlzeit sein soll, das Enzym Laktase über Kapseln oder Tabletten aufnehmen.

Fazit: Das dürfen Sie essen

Bei einer Laktoseintoleranz müssen Sie auf einige, aber nicht alle Milchprodukte verzichten. In vielen Fällen werden gesäuerte Milchprodukte vertragen, und Hartkäse, die per se laktosefrei sind, sind ebenfalls möglich.

Wenn Sie aber ganz auf Milchprodukte verzichten (müssen), dann sollten Sie auf die Kalziumzufuhr achten. Kalziumreiche Lebensmittel sind zum Beispiel Brokkoli, weiße Bohnen und kalziumreiches Mineralwasser. Ist auch das nicht verträglich, dann wählen Sie Pflanzenmilchprodukte, die mit Kalzium angereichert sind. Auch Nussmuse enthalten recht hohe Mengen an Kalzium.

Fruktosemalabsorption

Was ist Fruktose und worin ist sie enthalten?

Fruktose wird auch Fruchtzucker genannt, da diese Zuckerart vorwiegend in großen Mengen in Früchten vorkommt. Er liegt dort sowohl in der freien Form als einfaches Molekül als auch gebunden an Glukose in Form des Zweifachzuckers Saccharose vor. Den Hauptteil an Fruktose nehmen wir also über Früchte und Produkte daraus (z. B. Fruchtsäfte) auf, aber auch in Gemüse, Getreide und Kartoffeln sowie deren Produkten ist ein wenig Fruktose enthalten.

Den Hauptteil an Fruktose nehmen wir über Früchte und Produkte daraus auf.

Der reine Fruktosegehalt ist bei einer Unverträglichkeit nicht das Hauptproblem, sondern mehr noch das Verhältnis der beiden Zuckerarten Fruktose und Glukose zueinander, denn in der gebundenen Form ist Fruktose besser verträglich: Je mehr das Verhältnis zugunsten der Fruktose verschoben ist, desto günstiger. In nebenstehender Tabelle finden Sie folglich Lebensmittel nach absteigender Verträglichkeit sortiert.

Fruktosegehalte und Fruktose-Glukose-Verhältnis in Obst und Gemüse

Dieser Tabelle können Sie entnehmen, welche Obst- und Gemüsesorten ein gutes Fruktose-Glukose-Verhältnis aufweisen. Welche Mengen noch verträglich sind, ist zwar individuell unterschiedlich – diese Übersicht kann jedoch eine Orientierung bieten.

	VERHÄLTNIS (F/G)	FRUKTOSE (g)	GLUKOSE (G)
Obst			
Birne	4,03	6,73	1,67
Apfel	2,83	5,74	2,03
Apfelsaft	2,67	6,4	2,4
Honigmelone	2,1	1,3	0,62
Heidelbeere	1,35	3,34	2,47
Johannisbeere, schwarz	1,31	5,18	3,96
Johannisbeere, rot	1,24	2,49	2,01
Pfirsich	1,18	1,23	1,04
Ananas	1,15	2,44	2,13
Himbeere	1,15	2,05	1,79
Honig	1,14	38,8	33,9
Orange	1,13	2,58	2,29
Erdbeere	1,06	2,3	2,17
Kiwi	1,06	4,6	4,32
Brombeere	1,05	3,11	2,96
Trauben	1,04	7,44	7,18
Rosinen	1,01	31,6	31,2
Banane	0,96	3,4	3,55
Zitronen	0,96	1,35	1,4
Dattel, getrocknet	0,93	31,9	34,2

▶▶

	VERHÄLTNIS (F/G)	FRUKTOSE (g)	GLUKOSE (G)
Feige, getrocknet	0,91	23,5	25,7
Kirsche, süß	0,89	6,14	6,93
Kirsche, sauer	0,83	4,28	5,18
Mandarine	0,76	1,3	1,7
Pflaume	0,6	2,01	3,36
Aprikose	0,5	0,87	1,73
Gemüse			
Artischocken	2,28	1,73	0,76
Knollensellerie	1,8	0,09	0,05
Paprika, rot	1,6	3,74	2,34
Rotkohl	1,38	1,81	1,31
Bohnen, grün	1,36	1,31	0,96
Lauch	1,23	1,23	1
Spargel	1,22	0,99	0,81
Kürbis	1,17	1,56	1,33
Tomate	1,17	1,3	1,11
Rosenkohl, gekocht	1,06	0,54	0,51
Wirsing	1,04	1,13	1,09
Aubergine	1	1,2	1,2
Roggen	1	0,05	0,05
Gurke	0,97	0,87	0,9
Mais	0,9	0,09	0,1
Kohlrabi	0,88	1,23	1,39
Blumenkohl, gekocht	0,86	0,76	0,88
Fenchel	0,84	1,06	1,26

	VERHÄLTNIS (F/G)	FRUKTOSE (g)	GLUKOSE (G)
Süßkartoffel	0,84	0,66	0,79
Paprika, gelb	0,82	2,17	2,65
Paprika, grün	0,82	1,19	1,46
Zwiebel	0,82	1,34	1,63
Blattspinat	0,79	0,11	0,14
Kartoffeln	0,71	0,17	0,24
Avocado	0,67	0,2	0,3
Chicorée	0,61	0,68	1,12
Weizen, Korn	-	0,05	-

Quelle: https://fructoseintoleranz.com

Welcher Zucker bei Fruktoseintoleranz?

VERTRÄGLICH	VERMEIDEN	EVENTUELL VERTRÄGLICH
Dinkelsirup	Agavensirup	Kokosblütenzucker
Erythrithol	Ahornsirup	Lactitiol
Getreidezucker	Fruktose, Fruktosesirup	Lactulose
Glukose, Traubenzucker	Honig	Inulin, Oligofruktose
Glukosesirup	Invertzuckersirup	Saccharidose
Laktose	Isomalt	Xylitol
Maltodextrin	Maissirup	
Maltose	Maltitol	
Reissirup	Mannitol	
Reissüße	Sorbitol	
Stevia	Glukose-Fruktose-Sirup	

Auch die Fruktose ist eine beliebte Zutat in industriell hergestellten Lebensmitteln. Wegen ihrer Süßkraft, die das 1,3-fache derer von Haushaltszucker beträgt, wird sie gerne zum Süßen in kalorienreduzierten Lebensmitteln eingesetzt. Sie unterstreicht aber auch herzhafte Aromen und findet sich deshalb ebenso in deftigen Speisen. Da sie im kalten Zustand nicht an Süßkraft verliert, ist sie in Speiseeis beliebt.

Weitere Eigenschaften, wie das Feuchthalten, die Bräunungsförderung und die Beschleunigung der Stärkeverkleisterung, macht sie in fast allen süßen Speisen zu einem willkommenen Hilfsmittel. Fruktose kann man daher in sehr vielen Lebensmitteln finden, zum Beispiel in kalorienreduzierten Lebensmitteln, Obstkonserven, Kompott und Konfitüren, Salatdressings, Marinaden, Milchprodukten (vor allem solchen für Kinder), Speiseeis, Keksen, Marzipan, Nugat, Backwaren und Desserts.

Bei diesen Deklarationen in Lebensmitteln ist Fruktose enthalten: Fruktose, Fruchtzucker, Fruktose-Sirup, Glukose-Fruktose-Sirup, Fruktose-Glukose-Sirup, HFCS (High-Fruktose Corn Syrup), Isoglucose, Maissirup oder Corn Syrup/Corn Sirup, Invertzucker (Invertzuckersirup), Fruchtsüße, Fruchtsaftkonzentrat, Zucker, Saccharose, Sucrose, Rübenzucker, Rohrzucker, brauner Zucker, Raffinadezucker, raffinierter Zucker.

Isoglukose ist schädlich für die Gesundheit.

Problemfall Isoglukose

Isoglukose ist ein Sammelbegriff für Zucker, der sich schnell und einfach aus Maisabfällen durch Zugabe von Enzymen produzieren lässt. Er ist damit viel billiger als Zucker aus Rüben, daher ist es sehr wahrscheinlich, dass in Zukunft immer mehr Produkte mit Isoglukose gesüßt werden, da ihre Verwendung auch bei uns seit einiger Zeit erlaubt ist. In den USA ist Isoglukose bereits seit Langem erlaubt, dort steckt sie in großen Mengen in Getränken, Süßigkeiten und Fertigprodukten und gilt als Mitverursacher des massiven Übergewichtsproblems. ▶▶

Zur Isoglukose gehören beispielsweise Glukose-Fruktose-Sirupe und Fruktose-Glukose-Sirupe. Daran, welcher Begriff vorangestellt ist, ist das Mengenverhältnis zu erkennen. Fruktose-Glukose-Sirupe können bis zu 90 Prozent Fruchtzucker enthalten. Normaler Haushaltszucker dagegen besteht nur zu 50 Prozent aus Fruktose.

Wie kommt es zur Unverträglichkeit?

Die Fruktosemalabsorption gehört neben der Laktoseintoleranz zu den häufigsten Kohlenhydratunverträglichkeiten, fast ein Drittel aller Erwachsenen in Deutschland ist betroffen. Sie geht oft mit Sorbitunverträglichkeit einher.

Die häufigsten Anzeichen einer Fruktosemalabsorption sind Störungen des Magen-Darm-Trakts mit Bauchkrämpfen, Blähungen, Darmgeräuschen, Stuhldrang, Durchfall, der auch schleimig sein kann, zeitweise Verstopfung. Aber auch Kopfschmerzen, Erschöpfung, Antriebsschwäche und Anspannung, innere Unruhe und Nervosität können Symptome sein. Wie lange nach einer fruktosehaltigen Mahlzeit die Symptome auftreten, hängt mit verschiedenen Faktoren wie Konsistenz der Mahlzeit oder Art der Nährstoffe zusammen. Sie können sich beispielsweise schon zehn Minuten nach einem Getränk äußern, aber auch bis zu vier Stunden nach einer Mahlzeit.

Fruktosemalabsorption Von einer Fruktosemalabsorption oder intestinalen Fruktoseunverträglichkeit spricht man, wenn bei einem Verzehr von weniger als 25 Gramm Fruktose Beschwerden auftreten. Werden sehr hohe Fruktosemengen von mehr als 35 bis 50 Gramm auf einmal aufgenommen, kommt es zwangsläufig ebenso zu Symptomen, ohne dass eine Unverträglichkeit vorliegt, denn diese Mengen kann der Darm nicht mehr verarbeiten. Man spricht dann von einer Fruktoseüberlastung. Diese tritt auch bei Gesunden auf.

Treten aber schon bei den genannten geringeren Mengen Beschwerden auf, müssen Sie von einer Unverträglichkeit gegenüber Fruktose ausgehen. Diese liegt nicht an einem Enzymdefizit, sondern ist eine Störung eines Transportsystems für den Stoff im Dünndarm, des GLUT-5-Transportsystems. Vor allem die primäre und die sekundäre Form kommen vor.

Bei einer Fruktosemalabsorption lohnt es sich, die Verträglichkeit auszutesten.

Primäre Fruktosemalabsorption Eine primäre Fruktosemalabsorption kann von Geburt an existieren, sich aber auch im Laufe des Lebens erst entwickeln und ist nur in etwa der Hälfte der Fälle von Beschwerden begleitet. Bei ihr lässt sich keine zugrunde liegende Erkrankung ermitteln, die diese Störung verursacht. Etwa 30 Prozent aller Kinder sind betroffen und 20 Prozent der Erwachsenen. Der höhere Prozentsatz bei Kindern erklärt sich vor allem durch den teilweise sehr hohen Obstverzehr, der gemeinhin als sehr gesund gilt – es in diesen Mengen aber leider nicht mehr ist.

Sekundäre Fruktosemalabsorption Liegt eine sekundäre Fruktosemalabsorption vor, ist sie die Folge einer Dünndarmerkrankung oder einer anderen Unverträglichkeit.

Angeborene Fruktosemalabsorption Eine hereditäre, also angeborene Fruktosemalabsorption, bei der ein Gendefekt vorliegt, ist sehr selten. Die Fruktose kann dann nicht richtig verstoffwechselt werden. Hier ist der völlige Verzicht auf Fruktose und Saccharose nötig.

Diagnose und Behandlung

Die Diagnose kann, wie bei der Laktoseintoleranz, mittels eines H2-Atemtests gestellt werden. Dabei wird eine Testlösung mit 25 mg Fruktose getrunken. Liegt eine Malabsorption vor und die Fruktose wird nicht oder nicht vollständig von Darm aufgenommen, sondern von Darmbakterien verstoffwechselt, sind die Stoffwechselprodukte über die Atemluft messbar.

Wie bei der Laktoseintoleranz gilt: Bisher ist eine Fruktosemalabsorption leider noch nicht behandelbar. Sie bekommen sie aber gut in den Griff, wenn Sie Ihre individuelle Verträglichkeitsgrenze austesten und Fruktose entsprechend meiden oder einschränken (siehe dreistufige Ernährungsumstellung ab Seite 51).

Wird gleichzeitig mit Fruktose Glukose aufgenommen, ist auch die Aufnahme der Fruktose über die Darmwand stark verbessert und sie wird dann sehr viel besser vertragen. Deshalb sollten Sie auf ein gutes Verhältnis von Fruktose zu Saccharose in einem Lebensmittel achten (so sind Bananen zwar fruktosereich, aber aufgrund des höheren Gehalts an Glukose meistens verträglich) und fruktosereiche Lebensmittel zusammen mit Glukose (Traubenzucker) aufnehmen. Saccharose, der herkömmliche Haushaltszucker, besteht zur Hälfte aus Fruktose. Er kann ebenfalls zur Verbesserung der Verträglichkeit mit Traubenzucker kombiniert werden.

Fazit: Das dürfen Sie essen

Bei einer Fruktosemalabsorption müssen Sie vor allem einige Obstsorten von Ihrer Liste streichen. Auch auf Trockenfrüchte wie Rosinen oder getrocknete Aprikosen müssen Sie verzichten. Fertigprodukte werden häufig mit Fruktose oder Sorbit versetzt, deshalb sollten Sie auch hier vorsichtig sein. Honig können Sie durch Sirupe oder alternative Süßungsmittel wie Traubenzucker, Malzzucker oder Reissirup ersetzen.

Achten Sie dann darauf, möglichst viel verträgliches Gemüse zu essen, in erster Linie solches mit einem hohen Vitamin-C-Gehalt. Dazu gehören Paprika, viele Kohlsorten und Spinat. Bei Paprika allerdings ist auch der Fruktosegehalt höher als bei vielen anderen Gemüsen, deshalb essen Sie diese besser nur in Maßen.

Sorbitintoleranz

Was ist Sorbit und worin ist es enthalten?

Sorbit gehört zu den Zuckeralkoholen und ist eng mit dem Zucker Fruktose verwandt – Fruktose wird in Sorbit umgewandelt und umgekehrt. Die Wirkungen sind daher ähnlich, und wie Fruktose kommt auch Sorbit vorwiegend in Früchten vor, besonders konzentriert in Trockenfrüchten wie Pflaumen, Aprikosen, Datteln, Feigen und Rosinen. Selbst in Bier ist es vorhanden.

Sorbit – oder Sorbitol – ist aber auch als künstlicher Süßstoff in kalorienreduzierten Lebensmitteln oder Getränken zu finden, zum Beispiel in Light-Getränken und zuckerfreien Kaugummis. Auch in Broten aus dem Supermarkt wird Sorbit als Feuchthaltemittel eingesetzt. Zugesetztes Sorbit trägt die E-Nummer 420. In Süßstoffen wie Isomalt und Lycasin, die vor allem in Konfekt verwendet werden, wird es ebenfalls eingesetzt. Und nicht zuletzt wird es manchen Medikamenten als Füllstoff oder Geschmacksverbesserer zugesetzt, z. B. in Mundspülungen oder Hustensäften.

Die mit Sorbit versetzten Lebensmittel dürfen mit dem Label „zuckerfrei“ beworben werden, da Sorbit als Zuckeralkohol chemisch gesehen kein Zucker ist. Viele Menschen haben daher unweigerlich den Eindruck, sich mit diesen „zuckerfreien“ Produkten gesünder zu ernähren. Doch das ist nicht der Fall: Hersteller müssen sich zwar bei den Produkten an vorgegebene Höchstmengen halten, doch diese sind in der Summe schnell überschritten, und die Konsumenten kommen dann weit über die erlaubten Höchstgrenzen.

Sorbitgehalt in Lebensmitteln

Dieser Tabelle können Sie entnehmen, in welchen Lebensmitteln besonders viel Sorbit enthalten ist. Welche Mengen noch verträglich sind, ist zwar individuell unterschiedlich – diese Übersicht kann jedoch eine Orientierung bieten.

LEBENSMITTEL	SORBIT (g/100 g)	LEBENSMITTEL	SORBIT (g/100 g)
Wasabi	11	Kirschen	2
Hagebutten	8	Pflaumen	2
Pflaumen, getrocknet	8	Aprikose	1,3
Aprikose, getrocknet	6	Nektarinen	1,3
Heidelbeermarmelade	5	zuckerfreies Kaugummi	1–2
Brombeeren	4	Kokosnuss, getrocknet	1
Apfelkraut	3,7	Pfirsiche	1
Apfel, getrocknet	3	Rosinen, Sultaninen	1
Birnen	3	Bier	0–0,5
Datteln	2		

Quelle: https://foodintolerances.org

Wie kommt es zur Unverträglichkeit?

Sorbit hat als naher Verwandter der Fruktose ähnliche Unverträglichkeitsreaktionen zur Folge. Eine Fruktoseintoleranz wird fast immer von einer Sorbitintoleranz begleitet, und für beide Substanzen ist die Aufnahmekapazität bei vielen Menschen limitiert. Während von einer Fruktoseunverträglichkeit etwa 30 Prozent betroffen sind, sind es sogar etwa 80 Prozent der Bevölkerung, die Sorbit in den üblichen Mengen nicht vertragen.

Wie bei anderen Unverträglichkeiten gegen Zuckerarten wird auch Sorbit im Dünndarm nicht so weit abgebaut, dass es aufgenommen werden kann. Der Zucker gelangt so in den Dickdarm, wo er von Bakterien zu kurzkettigen Fettsäuren vergoren wird. Die entstehenden Gase führen zu Blähungen, Bauchkrämpfen, Durchfall und anderen Darmbeschwerden.

Bei Sorbitintoleranz muss Sorbit weitgehend vermieden werden.

Ursache kann ein dauerhaftes Überangebot an Fruktose und Sorbit sein. Ein hoher Obstverzehr, besonders an Trockenfrüchten und an „zuckerfreien" Produkten, denen Sorbit zugesetzt ist, kann bei Ihnen zu dieser Intoleranz führen. Auch wenn Sie leidenschaftlicher Biertrinker sind, können Sie durch den hohen Sorbitgehalt von Bier auf Dauer betroffen sein.

Diagnose und Behandlung

Die Diagnose einer Sorbitintoleranz ist wie bei Fruktose und Laktose über den H2-Atemtest möglich.

Wie auch andere Intoleranzen gegenüber Zuckern ist die Sorbitintoleranz nicht behandelbar. Hier hilft wieder nur das weitgehende Vermeiden von Sorbit. Über die dreistufige Ernährungsumstellung (Seite 51) können Sie Ihre individuelle Verträglichkeit ermitteln und Ihren Ernährungsplan daran ausrichten.

Fazit: Das dürfen Sie essen

Bei einer Sorbitmalabsorption müssen Sie vor allem einige Obstsorten von Ihrer Liste streichen. Auch auf Trockenfrüchte wie Rosinen oder getrocknete Aprikosen müssen Sie verzichten. Fertigprodukte werden häufig mit Fruktose oder Sorbit versetzt, deshalb sollten Sie auch hier vorsichtig sein. Honig können Sie durch Sirupe oder alternative Süßungsmittel wie Traubenzucker, Malzzucker oder Reissirup ersetzen.

Achten Sie dann darauf, möglichst viel verträgliches Gemüse zu essen, in erster Linie solches mit einem hohen Vitamin-C-Gehalt. Dazu gehören Paprika, viele Kohlsorten und Spinat. Bei Paprika allerdings ist auch der Fruktosegehalt höher als bei vielen anderen Gemüsen, deshalb essen Sie diese besser nur in Maßen.

Histaminintoleranz

Was ist Histamin und worin ist es enthalten?

Die Histaminintoleranz wird auch als Pseudoallergie bezeichnet, da sie zu allergieähnlichen Symptomen führt. Bei einer Histaminintoleranz ist der Abbau des biogenen Amins Histamin gestört. Histamin ist eine körpereigene Substanz, die hauptsächlich in den sogenannten Mastzellen gebildet wird und die vielfältige Funktionen in unserem Körper erfüllt, z. B. bei der Reizleitung, bei allergischen Reaktionen, der Abwehr körperfremder Stoffe, bei Entzündungsreaktionen, der Blutgefäßerweiterung, der Magensaftproduktion und der Bewegung des Darms, bei der Appetitkontrolle und dem Schlafrhythmus.

Histamin ist eine körpereigene Substanz, die vielfältige Funktionen in unserem Körper erfüllt.

Als Abbauprodukt von Histidin, einer Aminosäure, ist Histamin in sehr vielen Nahrungsmitteln natürlicherweise vorhanden, besonders in eiweißreichen. Geringe Mengen kommen auch in eiweißarmen Lebensmitteln vor, daher ist es kaum möglich, Histamin völlig zu meiden. Daneben können auch eigentlich histaminarme Lebensmittel Probleme bereiten, die als Histaminliberatoren gelten. Sie sorgen für eine Ausschüttung von körpereigenem Histamin. Erdbeeren gehören beispielsweise dazu.

Der Histamingehalt ist in gereiften Lebensmitteln besonders hoch, denn hier ist der Eiweißabbau mithilfe von Mikroorganismen schon fortgeschritten. Neben der Reife ist der Gehalt weiterer Faktoren, wie vorhandene Mikroorganismen, Temperatur, Säuregehalt und Feuchtigkeit, abhängig und schwankt daher enorm. Gehalte für einzelne Lebensmittel können daher kaum angegeben werden. Da sich die lange und eventuell auch unsachgemäße Lagerung in einem hohen Histamingehalt zeigt, wird dieser auch als Frischeindikator hinzugezogen.

Histaminreiche Lebensmittel und Histaminliberatoren, die Sie meiden sollten

Gemüse, Hülsenfrüchte, Pilze	fermentiertes Gemüse wie Sauerkraut, Hülsenfrüchte wie Erbsen, Linsen, Bohnen, Soja(-produkte), Tomaten, Spinat, Auberginen, Avocados, Rucola, Oliven, Chilischoten, Gewürzgurken, Pilze, Gemüsekonserven (besonders Hülsenfrüchte)
Obst	bestimmtes, besonders überreifes. Kiwis, Ananas, Bananen, Mandarinen, Erdbeeren, Himbeeren, Mandarinen, Orangen, Limetten, Zitronen, Guaven, Papayas, Obstkonserven
Brot, Getreideprodukte, Teigwaren, Kartoffeln	Fertige Backwaren mit Hefe und Sauerteig
Milch(produkte), Eier	gereifter Käse wie Parmesan, alter Gouda, Emmentaler, Cheddar, Gruyère, Raclettekäse, Schmelzkäse, Trockeneiprodukte
Fleisch, Fleisch- und Wurstwaren	abgepacktes Fleisch, Innereien, haltbare Fleischwaren (Wurst, Pökelfleisch, Räucherwaren, Trockenfleisch)
Fisch(-produkte), Meeresfrüchte	Fisch aus der Fischtheke, Meeresfrüchte, marinierte, geräucherte oder panierte Fischprodukte, Fischkonserven
Fett, Nüsse und Samen	Nussöle, größere Mengen Sonnenblumenöl, Walnüsse, Erdnüsse, Sonnenblumenkerne
Getränke und Sonstiges	Alkohol (besonders Rotwein und Bier), schwarzer Tee, Orangensaft, Rotweinessig, Balsamico, Kakao, Schokolade, Nugat, Lakritz, Pfeffer, Curry, Senf, Sojasauce, Fleischextrakt, Produkte mit Hefeextrakt, künstlichen Farbstoffen, Benzoaten, Salicylaten, Sulfiten und Geschmacksverstärkern

Quelle: https://fet-ev.eu

Wie kommt es zur Unverträglichkeit?

Die Histaminintoleranz ist das Chamäleon unter den Intoleranzen.

Die Histaminintoleranz wird gerne als das Chamäleon unter den Intoleranzen bezeichnet, denn sie tarnt sich mit einer sehr vielfältigen Symptomatik und ist auch daher nicht leicht zu bestimmen. Sie nimmt sogar in mehrfacher Hinsicht eine Sonderstellung ein: Einerseits ist sie eine Lebensmittel-Hypersensitivät (also eine pharmakologische Reaktion), beruht andererseits aber auch auf einem Enzymmangel und zählt deshalb zu den Enzymopathien. Somit erfüllt sie die Kriterien einer Pseudoallergie.

Von Fließschnupfen über Asthma, Kopfschmerzen und Durchfall bis zu kardiovaskulären Symptomen sind sehr viele unterschiedliche Auswirkungen von Histamin möglich. In Deutschland sind 1 bis 3 Prozent von einer Histaminintoleranz betroffen, darunter viermal mehr Frauen als Männer. Besonders bei Frauen um die vierzig häufen sich die Fälle, sodass vermutet wird, dass eine Abnahme von Geschlechtshormonen beteiligt sein könnte.

Körpereigenes Histamin und biogene Amine werden durch ein spezielles Enzym abgebaut. Geschieht dies unzureichend, dann kommt es zu dieser Symptomatik, die sich so unterschiedlich darstellen kann. Das Enzym ist auch teilweise für den Abbau von Histamin aus der Nahrung zuständig, zum weitaus größeren Teil erledigt dies aber ein anderes Enzym, die Diaminooxidase (DAO) aus der Dünndarmschleimhaut.

Mögliche Symptome

Magen-Darm-Bereich: krampfartige Bauchschmerzen, Blähbauch, Durchfall (auch explosionsartig), Aufstoßen, Refluxkrankheit, Gastritis
Lunge: Reizhusten, Atemnot, Hyperventilation, Asthma
Herz-Kreislauf-System: Herzrhythmusstörungen, schneller Pulsschlag, niedriger Blutdruck
Haut: Juckreiz, Nesselausschlag, bei Belastung starke Rötung der Haut, Flush-Symptomatik
Kopf: Kopfschmerzen, Migräne („Käse-und-Wein-Kopfschmerz", bei Belastung)
HNO: chronischer Schnupfen und Sinusitis
Allgemein: Unruhe, Agitiertheit, Schlafstörungen

Diagnose und Behandlung

Wegen der sehr unterschiedlichen Symptomatik wird eine Histaminintoleranz oft gar nicht erkannt und eher auf eine Allergie getippt. Erst, wenn Allergietests negativ ausfallen, kann auch eine Histaminintoleranz in Betracht gezogen werden. Diese mit Labortests zu diagnostizieren, ist bis heute nicht zweifelsfrei möglich, und Versuche, aus der Menge oder Aktivität des Enzyms DAO, der Histaminmenge im Blut oder von Abbauprodukten im Urin Rückschlüsse zu ziehen, sind keine sicheren Parameter.

Da die Symptomatik dieselbe wie bei Mastzellenerkrankungen ist, muss zuerst eine Erkrankung der Mastzellen ausgeschlossen werden, was relativ einfach durch eine Enzymbestimmung möglich ist. Konnte auch das ausgeschlossen werden, bleibt nur eine ausführliche Ernährungsanamnese.

Eine Histaminintoleranz ist nicht behandelbar. Hier hilft wieder das Vermeiden von histaminhaltigen Lebensmitteln und Histaminliberatoren.

Fazit: Das dürfen Sie essen

Hier sind Nährstoffadäquate zugegebenermaßen nicht so einfach, denn die nicht verträglichen Lebensmittel stammen aus verschiedenen Lebensmittelgruppen mit sehr unterschiedlichen Nährwertverhältnissen. Dadurch ist es aber auch unwahrscheinlich, dass ein Mangel an ganz spezifischen Nährstoffen entstehen könnte.

Histaminarme Lebensmittel – hier dürfen Sie zugreifen

Gemüse, Hülsenfrüchte, Pilze	Die meisten frischen Gemüse wie Brokkoli, Blumenkohl, Gurken, Möhren, Chicorée, Salate, Rotkohl, Weißkohl, Paprika, Zucchini, Kürbis, Fenchel, Spargel, Radieschen, grüne Bohnen
Obst	Äpfel, Aprikosen, Kakis, Brombeeren, Heidelbeeren, Johannisbeeren, Nektarinen, Pfirsiche, Melonen, Mangos, Kirschen, Weintrauben, Datteln
Brot, Getreideprodukte, Teigwaren, Kartoffeln	Reis, eifreie Nudeln, Mais, Polenta, Hafer, Hirse, Quinoa, Cornflakes, fertige Backwaren ohne Hefe, Kartoffeln, Süßkartoffeln
Milch(produkte), Eier	Milch, Sahne, Quark, Joghurt, Frischkäse, Hüttenkäse, Mozzarella, Mascarpone, Ricotta, Butterkäse, frische Eier und Eierspeisen
Fleisch, Fleisch- und Wurstwaren	frisches Fleisch, Hackfleisch, beim Metzger oder zu Hause frisch gewolft
Fisch(-produkte), Meeresfrüchte	fangfrischer oder TK-Fisch ohne Zusätze und Lagerung, möglichst nur Kaltwasserfisch, ohne Kopf und Gräten verwenden
Fett, Nüsse und Samen	Rapsöl, Olivenöl, Butter, Kokosöl, Macadamianüsse, Kokosnuss, Maronen
Getränke	kohlensäurefreies Wasser, Kräutertee, Apfelsaft, geringe Mengen: Kaffee
Gewürze	geringe Mengen Apfelessig, Branntweinessig oder verdünnte Essigessenz, frische Kräuter, Zimt, Salz, Kurkuma, Coco Aminos (statt Sojasauce), selbst gemachte Gemüsebrühe ohne Hefe, Zwiebeln und Knoblauch
Süßungsmittel	Reissirup, Traubenzucker, Haushaltszucker und Traubenzucker im Mischungsverhältnis 4:1
Konfitüre	Heidelbeer-, Stachelbeer- oder Hagebuttenkonfitüre ohne Zitronensaftzusatz

Ersatzmöglichkeiten bei Multiintoleranzen

Fragen Sie sich voller Sorge, was jetzt noch geht? Es ist vielleicht mehr, als Sie denken. Auf manches müssen Sie zwar verzichten, aber einiges können Sie sehr gut durch verträgliche Lebensmittel ersetzen. Es braucht ein bisschen Fantasie und folgende Tipps:

Statt Milch und Milchprodukten: Kuhmilch und Sojadrink lassen sich in vielen Fällen durch Hafer-, Kokos, Reis- oder Mandeldrink ersetzen, am besten mit Kalzium angereichert. Es gibt sogar Produkte, die sich zum Aufschäumen für Getränke eignen.

Statt Sahne kann pflanzliche Sahne mit verträglichen Zusätzen (keine Sojasahne) verwendet werden. Für die Konsistenz lässt sich Pflanzendrink mit Stärke andicken. Auch mit Mandeldrink verdünntes Mandelmus ist möglich (wenn der Mandelgeschmack geschmacklich passt).

Statt saurer Sahne süße Sahne mit Stärke andicken oder (laktosefreien) Frischkäse verwenden. Statt Joghurt laktosefreien Quark verwenden.

Bei Käse wird meist Frischkäse in kleinen Mengen vertragen (ohne Verdickungsmittel, evtl. auch laktosefreien Frischkäse wählen), außerdem junge Käsesorten wie Butterkäse, Mozzarella oder ganz junger Gouda. Zum Überbacken eignen sich Mozzarella, Mandelmus oder angedickte pflanzliche Sahne. Als Ersatz für geriebenen Parmesan, je nachdem, was zum Gericht passt, geschälte und geröstete gemahlene Mandeln oder Hanfsamen verwenden.

Statt Margarine: Butter oder Butterschmalz bzw. Ghee. Bei Margarine darauf achten, dass kein Sonnenblumenöl oder Soja enthalten ist.

Alternative Süßungsmittel: Statt Honig Reissirup verwenden. Als Ersatz für Haushaltszucker eignet sich zum Süßen Traubenzucker, allerdings kann er beim Backen den Haushaltszucker nicht 1:1 ersetzen. Hier Haushaltszucker und Traubenzucker im Verhältnis 4:1 mischen oder andere Süßungsmittel verwenden.

Verträgliche Konfitüresorten sind in der Regel Hagebutten-, Heidelbeer- oder Stachelbeerkonfitüre, aber auch andere Sorten mit verträglichen Früchten. Immer darauf achten, dass kein Zitronensaft oder -säure enthalten sind.

Statt Tomaten und Tomatenprodukte: Statt Tomatenketchup entweder Ajvar (Seite 175) oder Kürbis-Ketchup verwenden (Seite 174). Statt Tomatensauce eine Paprikasauce (Seite 125) bzw. Paprika-Mandel-Sauce oder mit Wasser oder Brühe verdünnten Ajvar verwenden.

Statt herkömmlicher Nudeln: Glutenfreie Nudeln verwenden, z. B. Konjak-Nudeln. Nudeln auf Hülsenfruchtbasis (Linsen oder Kichererbsen) eignen sich bei Histaminintoleranz nicht.

Statt Pommes frites: Ofenkartoffeln sind eine leckere Alternative.

Statt brauner Schokolade: Weiße Schokolade ist eine leckere Alternative.

Statt fertiger Gewürzprodukte: Gemüsebrühpulver, Gewürzmischungen und Salatsaucenpulver selbst gemacht (Rezepte ab Seite 168)

Statt Sojasauce: Coco Aminos (Würzsauce aus Kokosblütennektar)

Statt Zitronensaft: Verträgliche Essigsorten, Saft von Physalis (mit der Hand ausgedrückt)

Statt Apfelsaft: Rhabarbersaft

Statt Balsamicoessig: Apfelessig, verdünnte Essigessenz, Branntweinessig, Verjus extra sauer

Statt Spinat: Pak Choi oder Mangold (bei letzterem bei einer Fruktoseintoleranz etwas vorsichtig sein)

Statt Rucola: Feldsalat, Portulak oder Bittersalat wie Radicchio oder Chicorée

Statt Zwiebeln: Grüner Teil von Frühlingszwiebeln, weiße Zwiebeln, Schnittlauch

Statt Knoblauch: Knoblauchöl, Knoblauchzehe mitkochen und wieder entfernen, Schnittknoblauch

Die dreistufige Ernährungsumstellung

Bei Unverträglichkeiten ist es nicht unbedingt notwendig, dass Sie ein ganzes Leben lang komplett auf Obst, bestimmte Getreide, Milchprodukte oder andere Lebensmittel verzichten. Anders sieht es bei Allergien aus, bei denen schon kleinste Mengen der Allergene zu schweren Symptomen führen können. Viele Menschen mit Unverträglichkeiten schränken sich aber mehr als nötig ein oder leiden weiter unter Symptomen, obwohl eine sorgfältig geplante und durchgeführte Ernährungsumstellung ihnen eine größere Auswahl an Lebensmitteln ermöglichen würde.
Hier hat sich die systematische Umstellung nach einem dreistufigen System bewährt. Diese sollte am besten von einer Ernährungsfachkraft angeleitet werden, denn für Laien sind Durchführung und Auswertung ohne das Hintergrundwissen einfach nicht verlässlich möglich.

In der ersten Stufe müssen Sie so weit wie möglich auf nicht verträgliche Lebensmittel verzichten. Dies sollten Sie zwei bis vier Wochen einhalten. Dann beginnen Sie in der zweiten Stufe, und weiterhin unter Anleitung der Ernährungsfachkraft, nach und nach wieder Nahrungsmittel mit den unverträglichen Inhaltsstoffen dazuzunehmen und zu beobachten, wie Sie diese vertragen. So finden Sie schrittweise heraus, welche Lebensmittel für Sie verträglich sind.

Auf dieser Basis können Sie unter professioneller Anleitung in der dritten Stufe eine Dauerernährung zusammenstellen, bei Sie weniger eingeschränkt sind. Manche Lebensmittel werden Sie eventuell nach der ersten Karenzphase sogar wieder symptomfrei genießen können. Es lohnt sich auch, hin und wieder früher nicht verträgliche Lebensmittel zu prüfen, da diese dann vielleicht auch wieder vertragen werden.

111 GUT VERTRÄGLICHE REZEPTE

Die folgenden Rezepte zeigen Ihnen, wie vielfältig und abwechslungsreich Sie trotz Lebensmittelintoleranzen kochen können. Bei ihrer Zusammenstellung wurde darauf geachtet, dass keine der unverträglichen Stoffe enthalten sind, oder aber in seltenen Fällen in solch geringen Mengen, dass sie bei einer Unverträglichkeit keine Probleme bereiten. Einige Rezepte enthalten spezielle Informationen zu bestimmten Intoleranzen. Diese finden Sie unter den folgenden Abkürzungen:

F = wenn Sie Fruktose vertragen
G = wenn Sie Gluten vertragen
H = wenn Sie Histamin vertragen
L = wenn Sie Laktose vertragen
S = wenn Sie Sorbit vertragen

FRÜHSTÜCKSVARIANTEN

Heidelbeer-Smoothie

Für 2 Gläser

Zubereitungszeit: 5 Minuten

Eine Portion enthält:
66 kcal, 270 kJ, 1 g E, 2 g F, 11 g KH

Zutaten

150 g Heidelbeeren (frisch oder TK)
250 ml Mandeldrink
gemahlene Vanille
Reissirup nach Bedarf

Zubereitung

Heidelbeeren waschen und im Mixer oder mit dem Pürierstab pürieren. Den Mandeldrink und die Vanille zugeben und nochmals kurz mixen. Nach Wunsch mit etwas Reissirup süßen. Auf zwei Gläser verteilen.

TIPP

Schmeckt auch mit Brombeeren, wenn Sie diese gut vertragen.

Bei Verträglichkeit:

F: Mit Ahornsirup oder Honig süßen
L: Mandeldrink durch Milch ersetzen

Overnight Oats mit Brombeeren und Melone

Für 2 Portionen

Zubereitungszeit: ca. 10 Minuten plus Quellzeit über Nacht

Eine Portion enthält:
467 kcal, 1956 kJ, 19 g E, 11 g F, 72 g KH

Zutaten

100 g Brombeeren (frisch oder TK)
200 g laktosefreier Joghurt
200 g grobe Haferflocken
100 g Honigmelone

Zubereitung

1 Einige Brombeeren zur Seite legen. Joghurt und restliche Brombeeren mit dem Pürierstab mixen. Die Haferflocken unterrühren und auf zwei Schälchen verteilen.

2 Die Honigmelone von der Schale befreien und das Fruchtfleisch klein schneiden. Mit den restlichen Brombeeren auf der Joghurt-Haferflocken-Mischung verteilen.

3 Abgedeckt über Nacht im Kühlschrank quellen lassen.

Bei Verträglichkeit:

F: Andere Obstsorten verwenden, z. B. Trauben oder Himbeeren
L: Herkömmlichen Joghurt verwenden

Pumpkin-Spice-Latte

Für 2 Gläser

Zubereitungszeit: 20 Minuten

Eine Portion enthält:

140 kcal, 528 kJ, 3 g E, 3 g F, 28 g KH

Zutaten

1 Hokkaidokürbis
125 ml Haferdrink
90 ml fettarme Kokosmilch (Dose)
25 g Traubenzucker
1 Prise gemahlener Ingwer
1 Prise Vanilleextrakt
1 Prise gemahlener Kardamom
1 Prise frisch geriebene Muskatnuss
1 TL Zimt

Für das Topping:

100 ml Haferdrink (Barista)
etwas Zimt

Zubereitung

1 Den Kürbis waschen, Kerne entfernen und das Fruchtfleisch klein schneiden. In wenig Wasser weich kochen und mit dem Pürierstab fein pürieren. 125 g Haferdrink zugeben und alles mit den übrigen Zutaten cremig pürieren.

2 Die Masse in einen Topf geben und erwärmen. Auf zwei große Gläser oder Tassen verteilen.

3 Für das Topping 100 ml Haferdrink aufschäumen und daraufgeben. Mit Zimt bestreuen.

TIPP

Wenn Sie den Drink öfter genießen möchten, bereiten Sie am besten gleich eine größere Menge Kürbispüree zu. Es lässt sich einige Tage im Kühlschrank aufbewahren und bestens portionsweise einfrieren.

Bei Verträglichkeit:

F: Mit Ahornsirup oder Honig süßen
H: Einen heißen Espresso unterrühren
L: Haferdrink durch Milch ersetzen

Quinoabrei mit Heidelbeeren und Mandeln

Für 2 Portionen

Zubereitungszeit: 15 Minuten

Eine Portion enthält:

205 kcal, 1694 kJ, 13 g E, 14 g F, 57 g KH

Zutaten

- 100 ml Mandeldrink
- 1 TL Traubenzucker
- 140 g Quinoa
- Salz
- 200 g Heidelbeeren
- 2 EL klein geschnittene Mandeln
- 1 Prise Zimt
- Reissirup nach Belieben

Zubereitung

1 200 ml Wasser und Mandeldrink mit dem Traubenzucker aufkochen. Quinoa und etwas Salz unter Rühren mit dem Schneebesen hinzufügen und 5 bis 8 Minuten köcheln lassen, bis die Flüssigkeit vollständig aufgenommen ist. Dabei gelegentlich rühren. In der Zwischenzeit die Heidelbeeren vorsichtig waschen.

2 Den Brei vom Herd nehmen, Mandeln und Zimt mit einem Löffel unterheben. In kleine Schüsseln füllen, die Heidelbeeren darübergeben und nach Belieben mit Reissirup verfeinern.

TIPP

Auch lecker und gut verträglich sind Brombeeren statt Heidelbeeren. Besonders im Sommer machen sich zusätzlich noch klein geschnittene Minzblättchen gut, im Winter einen halben Teelöffel Mandeln unter den Brei rühren und mit Zimtzucker bestreuen.

Bei Verträglichkeit:

F: Reissirup durch Ahornsirup oder Haushaltszucker ersetzen

L: Milch statt Mandeldrink verwenden

Müslimischung auf Vorrat

Für 6 Portionen

Zubereitungszeit: 10 Minuten

Eine Portion enthält:
182 kcal, 761 kJ, 8 g E, 10 g F, 15 g KH

Zutaten

50 g Hirseflocken
50 g Haferflocken
5 g gepuffter Amarant
25 g geschroteter Leinsamen
25 g Kürbiskerne
20 g ungesüßte Cornflakes
5 g Flohsamenschalen
50 g Chiasamen
25 g Mandeln
Außerdem:
Großes, verschließbares Glas

Zubereitung

Einfach alle Zutaten miteinander vermischen und in ein großes, verschließbares Glas geben.

TIPP

Mit Hafermilch und frischen, verträglichen Früchten genießen.

Bei Verträglichkeit:

H: Kürbiskerne durch Sonnenblumenkerne ersetzen. 25 g Walnüsse, Pekannüsse oder andere Nüsse hinzufügen

Mandelporridge

Für 1 Portion

Zubereitungszeit: 20 Minuten

Eine Portion enthält:
336 kcal, 1408 kJ, 12 g E, 12 g F, 46 g KH

Zutaten

125 g feine Haferflocken
Salz
1 EL Haferdrink
1 EL Reissirup
2 EL gemahlene Mandeln

Zubereitung

1 Haferflocken mit 375 ml Wasser und etwas Salz aufkochen und 12 Minuten bei schwacher Hitze quellen lassen. Kurz vor Ende der Garzeit den Haferdrink zugeben.

2 Den Porridge in ein Schälchen geben, über Kreuz einschneiden, damit sich keine Haut bildet, und kurz abkühlen lassen. Reissirup und gemahlenen Mandeln darübergeben.

TIPP

Mit Nüssen oder verträglichem Obst servieren.

Bei Verträglichkeit:

F: Reissirup durch Ahornsirup ersetzen
L: Haferdrink durch Milch ersetzen

Buchweizen-Hafer-Granola

Für 12 Portionen

Zubereitungszeit: 15 Minuten plus 25 Minuten Backzeit

Eine Portion enthält:
198 kcal, 829 kJ, 7 g E, 13 g F, 17 g KH

Zutaten

50 g Macadamianüsse
75 g Mandeln
100 g Buchweizen
100 g Haferflocken
120 g Kürbiskerne
2 TL Kokosöl
3 EL Reissirup
3 EL Zimt
Außerdem:
Großes, verschließbares Glas

Zubereitung

1 Den Backofen auf 180 °C vorheizen. Nüsse und Mandeln grob hacken oder im Mixer grob zerkleinern. Alle trockenen Zutaten bis auf den Zimt in eine große Schüssel geben und gut vermischen.

2 Das Kokosöl in einem kleinen Topf bei mittlerer Hitze zerlassen. Reissirup und Zimt hinzugeben und sorgfältig verrühren. Mit den trockenen Zutaten gut vermischen.

3 Die Mischung auf einem mit Backpapier ausgelegten Backblech verteilen und 20 bis 25 Minuten backen. Alle 5 bis 10 Minuten umrühren. Abkühlen lassen und in ein großes, verschließbares Glas geben.

TIPP

Das Granola ist nicht nur ein leckeres Müsli, sondern es peppt als Topping auch manche Desserts auf.

Bei Verträglichkeit:

H: Mandeln durch andere Nüsse, wie Walnüsse oder Cashewkerne, ersetzen

Hirseporridge mit Früchten

Für 2 Portionen

Zubereitungszeit: 35 Minuten

Eine Portion enthält:
427 kcal, 1786 kJ, 10 g E, 4 g F, 81 g KH

Zutaten

175 g Hirse
300 ml Mandeldrink
½ Zimtstange
½ Mango
1 Pfirsich
3 EL gepoppter Amarant
2 TL Reissirup

Zubereitung

1 Die Hirse in einem Sieb unter fließendem heißem Wasser waschen, bis das ablaufende Wasser klar ist. In einem kleinen Topf mit 300 ml Wasser und 150 ml Mandeldrink aufkochen. Die Zimtstange dazugeben und alles zugedeckt bei schwacher Hitze ca. 20 Minuten kochen lassen.

2 Dann restliche 150 ml Mandeldrink dazugeben, aufkochen. Herd ausschalten und die Hirse zugedeckt weitere 5 Minuten ausquellen lassen.

3 Inzwischen die Mango schälen und das Fruchtfleisch vom Stein schneiden, Pfirsich waschen, entsteinen und klein schneiden. Den Amarant mit dem Reissirup mischen. Die Hirse auf zwei Schälchen verteilen, Früchte und die Amarantmischung daraufgeben.

Bei Verträglichkeit:

F: Mit anderen Süßungsmitteln süßen. Die Früchte durch Beeren oder andere Obstsorten nach Wunsch austauschen

L: Pflanzendrink durch Milch ersetzen

Reis-Kokos-Omelett mit Heidelbeeren

Für 4 Portionen

Zubereitungszeit: 15 Minuten plus 40 Minuten Koch- und Abkühlzeit

Eine Portion enthält:
571 kcal, 2385 kJ, 19 g E, 33 g F, 49 g KH

Zutaten

60 g Vollkornreis
4 Eier
4 EL Haferdrink
2 EL Kokosraspel
3 TL Traubenzucker
Salz
4 TL Rapsöl
400 g Heidelbeeren (frisch oder TK)

Zubereitung

1 Den Reis in 120 ml kochendes Wasser geben und zugedeckt bei schwacher Hitze etwa 30 Minuten garen. Vom Herd nehmen und 10 Minuten abkühlen lassen. Dann mit Eiern, Haferdrink, Kokosraspeln, Traubenzucker und Salz in einer Schüssel verrühren.

2 2 TL Öl in einer kleinen beschichteten Pfanne erhitzen. Ein Viertel der Eier-Reis-Mischung darin von beiden Seiten goldbraun backen. Auf diese Weise vier Pfannkuchen ausbacken.

3 Die (aufgetauten) Heidelbeeren auf den Omeletts anrichten und servieren.

Bei Verträglichkeit:

F: Traubenzucker durch Haushaltszucker oder Honig ersetzen

F/H: Anderes verträgliches Obst wie Erdbeeren, Himbeeren oder Pflaumen verwenden

L: Haferdrink durch Milch ersetzen

Deftige Pancakes

Für 2 Portionen

Zubereitungszeit: 25 Minuten

Eine Portion enthält:

300 kcal, 1255 kJ, 17 g E, 25 g F, 4 g KH

Zutaten

2 Eier
50 g geschroteter Leinsamen
35 g gemahlene Mandeln
50 ml Mandeldrink
Salz
1 EL Kokosöl

Zubereitung

1 Eier, Leinsamen, Mandeln, Mandeldrink und Salz in einen Rührbecher geben und mit dem Pürierstab mixen. Den Teig 10 Minuten quellen lassen.

2 Den gequollenen Teig mit 2 bis 3 EL Wasser verdünnen, damit er zähflüssig wird. Kokosöl in einer Pfanne erhitzen und die Hälfte des Teigs gleichmäßig darin verteilen. Einen Pfannkuchen bei mittlerer Hitze ca. 5 Minuten backen, bis er gestockt und die Unterseite leicht gebräunt ist. Pfannkuchen vorsichtig wenden und backen, bis auch die andere Seite leicht gebräunt ist.

3 Mit dem restlichen Teig ebenso verfahren.

TIPP

Der Teig kann am Vorabend vorbereitet und im Kühlschrank aufbewahrt werden. Am nächsten Morgen nur noch einmal umrühren und backen. Die Pancakes können je nach Verträglichkeit gefüllt werden, z. B. mit Salat, Tomaten, Käse, Räucherfisch oder Schinken.

Bei Verträglichkeit:

L: Mandeldrink durch Milch ersetzen

Brokkoli-Kartoffel-Tortilla

Für 2 Portionen

Zubereitungszeit: 50 Minuten

Eine Portion enthält:

289 kcal, 1210 kJ, 21 g E, 13 g F, 22 g KH

Zutaten

- 200 g Kartoffeln
- 250 g Brokkoli
- 1 kleine weiße Zwiebel
- 2–3 EL Olivenöl
- 4 Eier
- Salz
- ½ TL Oregano
- 1 Prise rosenscharfes Paprikapulver
- 1 Prise frisch geriebene Muskatnuss
- 1 Prise frisch gemahlener weißer Pfeffer (wenn verträglich)

Zubereitung

1 Kartoffel schälen und in ½ cm große Würfel schneiden. Brokkoli waschen und in mundgerechte Röschen teilen, den Stiel schälen und würfeln. Zwiebel schälen und sehr fein hacken.

2 1 EL Olivenöl in einer Pfanne erhitzen und die Kartoffeln darin bei schwacher Hitze unter gelegentlichem Rühren rundherum 10 bis 15 Minuten braten, aber nicht knusprig werden lassen. Zwiebel und Brokkoli zugeben und weitere 5 bis 10 Minuten garen. Die Pfanne von der Platte ziehen, wenn die Kartoffeln fast gar sind und der Brokkoli noch bissfest ist.

3 Die Eier verquirlen und mit Salz, Oregano, Paprikapulver, Muskat und Pfeffer kräftig würzen. Die Kartoffel-Brokkoli-Mischung hinzufügen und alles gut vermischen.

4 Das restliche Olivenöl in der Pfanne erhitzen und die Kartoffel-Eier-Mischung hineingeben. Erst umrühren, dann in Ruhe stocken lassen, bis sich nach 3 bis 4 Minuten eine Kruste bildet. Dann die Tortilla wenden und weitere 3 bis 4 Minuten backen.

Haferflockenwaffeln

Für 2 Portionen

Zubereitungszeit: 20 Minuten plus 15 Minuten Quellzeit

Eine Portion enthält:

320 kcal, 1340 kJ, 8 g E, 18 g F, 32 g KH

Zutaten

- 125 ml Haferdrink
- 60 g zarte Haferflocken
- 1 EL Traubenzucker plus etwas zum Bestäuben
- Salz
- 1 Msp. Zimt
- 1 EL weiche Butter
- 1 Ei
- Rapsöl für das Waffeleisen

Zubereitung

1 Haferdrink lauwarm erwärmen und mit den Haferflocken in einer Rührschüssel vermischen. 10 bis 15 Minuten quellen lassen, bis die Haferflocken den Drink aufgenommen haben.

2 Traubenzucker, Salz, Zimt, Butter und Ei zur Haferflockenmischung geben und alles zu einem cremigen Teig verrühren.

3 Waffeleisen einfetten und den Teig zu goldbraunen Waffeln backen, auf einem Kuchengitter auskühlen lassen. Mit gesiebtem Traubenzucker bestäuben.

TIPP

Mit Heidelbeeren oder anderen verträglichen Früchten garnieren.

Bei Verträglichkeit:

F: Traubenzucker durch Haushaltszucker ersetzen und mit Puderzucker bestäuben

L: Haferdrink durch Milch ersetzen

Blinis

Für 2 Portionen

Zubereitungszeit: 20 Minuten plus 50 Minuten Gehzeit

Eine Portion enthält:
230 kcal, 961 kJ, 6 g E, 8 g F, 32 g KH

Zutaten

50 ml Haferdrink
¼ Würfel Hefe (10 g)
1 Prise Traubenzucker
75 g Buchweizenmehl
1 Ei
Salz
2 TL Rapsöl

Zubereitung

1 Den Haferdrink lauwarm erwärmen, die Hefe hineinbröckeln und zusammen mit dem Zucker darin auflösen. Mit der Hälfte des Buchweizenmehls zu einem Vorteig verrühren und 20 Minuten gehen lassen.

2 Dann den Vorteig mit dem restlichen Buchweizenmehl, Ei und Salz zu einem zähflüssigen Teig verrühren. Wieder 30 Minuten gehen lassen.

3 Das Öl in einer großen, beschichteten Pfanne erhitzen. Den Bliniteig esslöffelweise hineingeben und von beiden Seiten jeweils 2 Minuten goldbraun backen.

TIPP

Wenn Sie den Teig am Vorabend zubereiten und kühl stellen, geht es morgens schneller. Je nach Verträglichkeit die Blinis mit süßen oder deftigen Beigaben servieren, z. B. mit sauer Sahne und Preiselbeeren oder mit Lachs.

Bei Verträglichkeit:

F: Traubenzucker durch Haushaltszucker ersetzen

L: Haferdrink durch Milch ersetzen

Rhabarber-Melonen-Gelee

Für 5–6 Gläser, 30 Portionen

Zubereitungszeit: 40 Minuten

Eine Portion enthält:
54 kcal, 228 kJ, 1 g E, 0 g F, 14 g KH

Zutaten

- 1 kg Rhabarber
- 1 kg reife Honigmelone
- 2–3 Pck. Pektin
- 350 g Reissirup

Zubereitung

1 Rhabarber waschen und ungeschält in ca. 2 cm große Stücke schneiden. Schale und Kerne von der Honigmelone entfernen und das Fruchtfleisch in Stücke schneiden.

2 Beides in einem Topf mit 500 ml Wasser aufsetzen, aufkochen und so lange kochen lassen, bis die Stücke breiig gekocht sind. Durch ein in ein Sieb gelegtes Tuch passieren.

3 Den gewonnenen Saft mit dem Pektin nach Packungsanweisung aufkochen, in saubere Gläser füllen, diese fest verschließen und ca. 20 Minuten auf den Kopf stellen.

TIPP

Das übriggebliebene Fruchtfleisch schmeckt sehr gut zu Eis oder Joghurt.

Möhren-Mandel-Aufstrich

Für 4 Portionen

Zubereitungszeit: 30 Minuten

Eine Portion enthält:
33 kcal, 138 kJ, 1 g E, 1 g F, 5 g KH

Zutaten

- 300 g Möhren
- 1 TL Mandelmus
- Kräutersalz
- Oregano
- einige Tropfen frisch gepresster Zitronensaft (wenn verträglich)

Zubereitung

1 Möhren waschen, in dünne Scheiben schneiden und in wenig Wasser gar kochen.

2 Mit Mandelmus, Kräutersalz und Oregano mit dem Pürierstab pürieren und mit einigen Tropfen Zitronensaft abschmecken.

Bei Verträglichkeit:

H: Zitronensaft weglassen, wenn überhaupt nicht verträglich

Kürbisaufstrich

Für 4 Portionen

Zubereitungszeit: 20 Minuten

Eine Portion enthält:
144 kcal, 604 kJ, 4 g E, 12 g F, 5 g KH

Zutaten

250 g Hokkaidokürbis
1 weiße Zwiebel
1 EL Olivenöl
4 EL Gemüsebrühe
2 EL Kürbiskerne
1 EL Hafer-Cuisine
2 Frühlingszwiebeln (nur das Grüne)
Salz
frisch gemahlener weißer Pfeffer (wenn verträglich)
1–2 TL Kürbiskernöl

Zubereitung

1 Den Kürbis waschen, Kerne entfernen und das Fruchtfleisch in 1 cm große Stücke schneiden. Zwiebel schälen und fein würfeln.

2 Olivenöl in einem Topf erhitzen und die Zwiebel bei mittlerer Hitze darin andünsten. Den Kürbis zugeben und 1 bis 2 Minuten dünsten, dann die Brühe angießen. Alles aufkochen und mit geschlossenem Deckel bei schwacher Hitze 15 Minuten garen.

3 In der Zwischenzeit die Kürbiskerne in einer Pfanne ohne Fett rösten, bis sie sich aufblähen. Herausnehmen und abkühlen lassen, dann fein hacken.

4 Kürbis vom Herd nehmen, Hafer-Cuisine hinzufügen und mit dem Pürierstab pürieren. Das Grün der Frühlingszwiebeln waschen, fein würfeln und mit den Kürbiskernen unter das Püree mischen.

5 Mit Salz, Pfeffer und Kürbiskernöl abschmecken und im Kühlschrank etwa 30 Minuten durchziehen lassen.

Bei Verträglichkeit:

L: Sojacreme durch Crème fraîche ersetzen (bei wenig schwerer Laktoseintoleranz oft verträglich)

SNACKS, SUPPEN UND SALATE

Brokkoli-Tartar mit Roter Bete

Für 2 Portionen

Zubereitungszeit: 30 Minuten

Eine Portion enthält:
286 kcal, 1199 kJ, 11 g E, 17 g F, 22 g KH

Zutaten

225 g Brokkoli
Salz
½ Granatapfel
1 Schalotte
einige Minzstängel
75 g gegarte Rote Bete (vakuumverpackt)
100 g laktosefreier Frischkäse
frisch gemahlener weißer Pfeffer (wenn verträglich)

Zubereitung

1 Brokkoli waschen und in Röschen teilen. Die Stiele schälen und in Stücke schneiden. Stiele in kochendem Salzwasser ca. 5 Minuten kochen, dann die Röschen zugeben und weitere 4 bis 5 Minuten kochen. In ein Sieb abgießen, abschrecken, abtropfen und auskühlen lassen.

2 Die Granatapfelkerne herauslösen. Schalotte schälen und fein würfeln. Minze waschen, trocken schütteln und die Blättchen in feine Streifen schneiden. Rote Bete fein würfeln.

3 Gegarten Brokkoli fein hacken und mit Frischkäse, Granatapfelkernen, Schalotten und gehackter Minze mischen. Mit Salz und Pfeffer abschmecken.

4 Die Rote-Bete-Würfel darübergeben.

Bei Verträglichkeit:

L: (Ziegen-)Frischkäse mit Laktose verwenden

Kartoffelchips

Für 4 Portionen

Zubereitungszeit: 30 Minuten plus 10–12 Minuten Backzeit

Eine Portion enthält:
224 kcal, 939 kJ, 2 g E, 15 g F, 20 g KH

Zutaten

500 g festkochende Kartoffeln
4 EL Olivenöl zum Braten
½ TL Paprikapulver
1 TL Salz

Zubereitung

1 Die Kartoffeln schälen und auf dem Gemüsehobel fein hobeln.

2 Öl, Paprikapulver und Salz verrühren und die Kartoffelscheiben damit gründlich vermischen. Anfangs in einem Sieb, dann auf Küchenpapier gut abtropfen lassen.

3 Den Backofen auf 225 °C vorheizen. Die Kartoffelscheiben mit etwas Abstand zueinander auf zwei mit Backpapier belegten Blechen verteilen, sodass sie sich nicht überlappen. 10 bis 12 Minuten backen, dabei nach ca. 6 Minuten wenden. Zwischendurch mehrmals die Backofentür öffnen, damit der Wasserdampf entweichen kann und die Chips schön knusprig werden.

Bei Verträglichkeit:

H: Wer Knoblauch verträgt, kann vor dem Backen 1 bis 2 durchgedrückte Knoblauchzehen untermischen.

Gemüsechips

Für 4 Portionen

Zubereitungszeit: 20 Minuten plus 30–40 Minuten Trockenzeit

Eine Portion enthält:
137 kcal, 573 kJ, 0 g E, 15 g F, ca. 1 g KH

Zutaten

500 g Gemüse (z. B. Süßkartoffeln, Pastinaken, Rote Bete, Möhren, Knollensellerie)
1–2 Msp. gemahlene Vanille
4 EL Rapsöl

Zubereitung

1 Gemüse schälen und trocken tupfen. Mit dem Gemüsehobel in sehr dünne Scheiben hobeln. Die Vanille mit dem Öl vermischen. Den Backofen auf 130 °C Umluft vorheizen.

2 Gemüsescheiben mit einem Backpinsel von beiden Seiten mit dem Öl bestreichen und mit etwas Abstand zueinander auf zwei mit Backpapier belegten Blechen verteilen, sodass sie sich nicht überlappen. 30 bis 40 Minuten trocknen, zwischendurch mehrmals die Backofentür öffnen, damit der Wasserdampf entweichen kann und die Chips schön knusprig werden.

Grünkohlchips mit Paprika

Für 2 Portionen

Zubereitungszeit: 10 Minuten plus 30–40 Minuten Trockenzeit

Eine Portion enthält:

245 kcal, 1027 kJ, 5 g E, 24 g F, 3 g KH

Zutaten

- 250 g Grünkohl
- 3 EL Olivenöl
- ½ TL Salz
- ½ TL edelsüßes oder rosenscharfes Paprikapulver

Zubereitung

1 Die harten mittleren Blattrippen aus den Grünkohlblättern schneiden und die Blätter in grobe Stücke reißen. Dann die Stücke gut waschen und mit einer Salatschleuder oder in einem sauberen Geschirrtuch gründlich trocken schleudern oder mit einem sauberen Geschirrtuch trocken tupfen.

2 Den Backofen auf 130 °C Umluft vorheizen. Das Öl mit dem Salz und dem Paprikapulver in einer Schüssel vermischen und die Grünkohlstücke darin mit den Händen gründlich wenden und verkneten, bis sie von allen Seiten gut mit der Ölmischung überzogen sind.

3 Die Grünkohlstücke auf einem mit Backpapier belegten Blech verteilen. Dabei darauf achten, dass sie etwas Abstand zueinander haben und sich nicht überlappen. 30 bis 40 Minuten im leicht geöffneten Ofen trocknen. Kochlöffelstiel dazwischenklemmen oder die Backofentür mehrmals kurz ganz öffnen, damit der Wasserdampf entweichen kann.

TIPP

Trocken und luftdicht aufbewahren. Statt des Paprikapulvers können Sie gemahlene Nüsse oder Chili, Curry (wenn verträglich) oder andere würzende Zutaten ins Öl geben.

Salzmandeln

Für 6 Portionen

Zubereitungszeit: 5 Minuten plus 25 Minuten Backzeit

Eine Portion enthält:
199 kcal, 834 kJ, 18 g E, 18 g F, 2 g KH

Zutaten

200 g ungeschälte Mandeln
1 Eiweiß
½ TL grobes Meersalz

Zubereitung

1 Den Backofen auf 170 °C vorheizen. Die Mandeln auf einem mit Backpapier belegten Backblech verteilen und 20 Minuten rösten. Herausholen, aber den Backofen nicht abschalten.

2 Währenddessen das Eiweiß leicht schaumig, aber nicht steif schlagen. Das Salz unterrühren, dann das Eiweiß mit den Mandeln vermischen, bis sie gut mit davon umhüllt sind.

3 Die Mandeln wieder auf dem Backblech verteilen, sodass sie nicht übereinander liegen. Weitere 5 Minuten rösten.

Aprikosen-Mandel-Riegel

Für 16 Stück

Zubereitungszeit: 10 Minuten plus 1 Stunde Backzeit

Ein Stück enthält:
121 kcal, 507 kJ, 3 g E, 9 g F, 8 g KH

Zutaten

200 g frische Aprikosen (nicht zu saftig)
100 g Mandeln
50 g feine Haferflocken
50 g grobe Haferflocken
70 ml Reissirup
1 TL Zimt
50 ml Rapsöl
50 g Mandelmus
Salz

Zubereitung

1 Den Backofen auf 100 °C vorheizen. Aprikosen waschen, entsteinen und klein schneiden. Mandeln im Mixer zerkleinern.

2 Alle Zutaten miteinander vermischen und die Masse auf einem mit Backpapier belegten Backblech glatt streichen.

3 Die Riegel im vorgeheizten Ofen mindestens 1 Stunde trocknen lassen. Dann herausnehmen, abkühlen lassen und die Masse in 16 Riegel schneiden.

Bei Verträglichkeit:

H: Mandeln durch Cashewkerne oder Walnüsse ersetzen

Rosmarin-Sesam-Möhren

Für 2 Portionen

Zubereitungszeit: 50 Minuten

Eine Portion enthält:

260 kcal, 1086 kJ, 4 g E, 23 g F, 10 g KH

Zutaten

250 g bunte Möhren
2 EL Olivenöl
Salz
1 Rosmarinzweig
2 TL Sesamsamen

Zubereitung

1 Möhren waschen, falls nötig schälen und längs in Achtel schneiden.

2 Das Öl in einer Pfanne erhitzen und die Möhren darin bei mittlerer Hitze anbraten. Wenden, damit sie gleichmäßig mit Öl benetzt sind. Salz und den Rosmarinzweig zugeben. Die Pfanne mit einem Deckel schließen und Temperatur auf schwache Hitze reduzieren.

3 In der Zwischenzeit den Sesam in einer Pfanne ohne Fett rösten, bis er zu duften beginnt.

4 Möhren 35 bis 40 Minuten schmoren, anfangs noch gelegentlich umrühren. Bei Bedarf etwas Wasser zugeben. Von der Platte ziehen und mit Sesam bestreuen.

TIPP

Dazu passt gedünsteter Fisch oder Rösti (Seite 122).

Bei Verträglichkeit:

H: Wer Sojasauce verträgt, kann statt oder zusätzlich zu geröstetem Sesam etwas davon über die Möhren träufeln.

Tortillamuffins

Für 12 Muffins

Zubereitungszeit: 10 Minuten plus 15 Minuten Backzeit

Eine Muffin enthält:
58 kcal, 245 kJ, 3 g E, 3 g F, 6 g KH

Zutaten

300–400 g mehligkochende Kartoffeln
Salz
1 weiße Zwiebel
Olivenöl
150 g Möhren
3 Eier
Gemüsebrühpulver (selbst gemacht, S. 170)
frisch gemahlener weißer Pfeffer (wenn verträglich)
Majoran
Außerdem:
1 Muffinblech
24 Muffin-Papierförmchen

Zubereitung

1 Die Kartoffeln schälen, waschen, in kleine Würfel schneiden und in Salzwasser gar kochen.

2 In der Zwischenzeit die Zwiebel schälen, fein würfeln und in Olivenöl in einer Pfanne weich dünsten. Die Möhre schälen und klein schneiden. Möhren zu den Zwiebeln geben und weich dünsten. Den Backofen auf 190 °C vorheizen.

3 Kartoffeln und Möhren etwas abkühlen lassen. Die Eier mit Gemüsebrühpulver, Salz, Pfeffer und Majoran würzen und mit den Kartoffeln und Möhren verrühren.

4 Die Muffinförmchen mit je zwei Papierförmchen auslegen und die Ei-Kartoffel-Masse etwa halb hoch einfüllen. Muffins im vorgeheizten Ofen auf der mittleren Schiene etwa 15 Minuten backen. Noch warm aus den Papierförmchen lösen.

TIPP

Statt der Möhren können Sie auch Brokkoli verwenden.

Kürbis-Pancakes

Für 2 Portionen

Zubereitungszeit: 20 Minuten

Eine Portion enthält:
131 kcal, 550 kJ, 4 g E, 0 g F, 27 g KH

Zutaten

250 g festkochende Kartoffeln
250 g Hokkaidokürbis
4 Frühlingszwiebeln (nur das Grüne)
1 Msp. gemahlener Kreuzkümmel
1 Msp. gemahlener Ingwer
Salz
frisch gemahlener weißer Pfeffer (wenn verträglich)
90 g Kartoffelstärke
Olivenöl zum Braten

Zubereitung

1 Kartoffeln gründlich waschen und in Salzwasser weich kochen. Dann mit kaltem Wasser abschrecken, kurz abkühlen lassen und pellen.

2 In der Zwischenzeit den Kürbis waschen, in Stücke schneiden, Kerne entfernen und den Kürbis ungeschält in kleine Würfel schneiden. In einem Topf mit wenig Wasser etwa 15 Minuten weich dünsten.

3 Kürbis und Kartoffeln mit dem Kartoffelstampfer zerdrücken. Das Grün der Frühlingszwiebeln waschen, in Röllchen schneiden und zusammen mit den Gewürzen und der Kartoffelstärke unter die Kürbis-Kartoffel-Mischung geben. Nach Bedarf noch etwas Wasser hinzugeben und mit Salz und Pfeffer abschmecken.

4 Das Öl in einer beschichteten Pfanne erhitzen und aus dem Kartoffel-Kürbis-Teig kleine Pancakes beidseitig goldbraun backen.

TIPP

Dazu passt verträgliches Gemüse und ein Dip aus pflanzlichem Joghurt mit Kreuzkümmel.

Bei Verträglichkeit:

H: Gemahlenen Ingwer durch Curry ersetzen

Lauch-Brokkoli-Suppe

Für 2 Portionen

Zubereitungszeit: 40 Minuten

Eine Portion enthält:
317 kcal, 1327 kJ, 15 g E, 20 g F, 19 g KH

Zutaten

- 1 großer Brokkoli
- 1 Stück Knollensellerie
- 1 Lauchstange (nur das Grüne)
- 2 Petersilienstängel
- 2 Minzstängel
- 1 EL Rapsöl
- 400 ml Gemüsebrühe (selbst gemacht, S. 169)
- 1 cm frischer Ingwer
- 1 TL Coco Aminos (verträglicher Ersatz für Sojasauce)

Zubereitung

1 Den Brokkoli waschen und in Röschen teilen. Die Stiele schälen und klein schneiden. Sellerie schälen und klein schneiden. Lauch waschen und den grünen Teil in Ringe schneiden. Petersilie und Minze waschen, trocken schütteln, Blättchen abzupfen und hacken.

2 Das Öl in einem Topf erhitzen und Sellerie und Lauch darin anbraten. Brokkoli zugeben und die Brühe angießen. Zum Kochen bringen und 10 Minuten bei schwacher Hitze köcheln lassen, bis das Gemüse gar ist.

3 Ingwer schälen und fein reiben. Den dabei entstehenden Saft mit der Hand in die Suppe pressen. Die Suppe pürieren und mit Coco Aminos abschmecken.

Bei Verträglichkeit:

H: Coco Aminos durch Sojasauce ersetzen. Auch den weißen Teil des Lauchs verwenden

Paprikacremesuppe

Zubereitungszeit: 40 Minuten

Eine Portion enthält:
192 kcal, 801 kJ, 4 g E, 13 g F, 15 g KH

Zutaten

2 rote Paprika
1 weiße Zwiebel
1 EL Olivenöl
1 EL Paprikamark (Tube)
1 TL Gemüsebrühpulver (selbst gemacht, S. 170)
Salz
1 Prise Chilipulver
1 Prise Zucker
¼ Bund Petersilie

Zubereitung

1 Paprika halbieren, Samen und Scheidewände entfernen und das Fruchtfleisch waschen. Zwiebel schälen. Paprika und Zwiebel in Stücke schneiden.

2 Paprika und Zwiebel in 1 EL heißem Öl andünsten, das Paprikamark mit anschwitzen. Mit 250 ml Wasser ablöschen, aufkochen lassen und die Brühe einrühren. Mit Salz, Chilipulver und Zucker würzen. Zugedeckt ca. 10 Minuten köcheln lassen.

3 Die Suppe pürieren, evtl. durchsieben und abschmecken. Petersilie waschen, trocken schütteln und hacken. Die Suppe in zwei tiefe Teller geben und mit Petersilie bestreuen.

TIPP

Die Suppe schmeckt sowohl warm und als auch kalt.

Bei Verträglichkeit:

G: Würfel aus getoastetem Brot auf die Suppe geben
H: Etwas frischen Knoblauch und eine Prise Chilipulver in der Suppe mitkochen
L: Einen guten Schuss Sahne mitköcheln lassen

Kartoffelsuppe

Für 2 Portionen

Zubereitungszeit: 35 Minuten

Eine Portion enthält:

368 kcal, 1541 kJ, 6 g E, 19 g F, 42 g KH

Zutaten

400 g festkochende Kartoffeln
2 EL Olivenöl
400 ml Gemüsebrühe (selbst gemacht, S. 169)
100 ml Haferdrink
2 Majoranzweige
1 Lorbeerblatt
1 kleine Möhre
75 g Kohlrabi
75 g Zucchini
Salz
frisch gemahlener weißer Pfeffer (wenn verträglich)
frisch geriebene Muskatnuss

Zubereitung

1 Die Kartoffeln schälen, waschen und in Würfel schneiden. ½ EL Öl in einem Topf erhitzen und die Kartoffeln darin bei schwacher Hitze etwa 5 Minuten dünsten.

2 Brühe und Haferdrink zugeben. Den Majoran waschen und 1 Zweig mit dem Lorbeerblatt in die Suppe geben. Alles aufkochen lassen und mit geschlossenem Deckel bei mittlerer Hitze etwa 20 Minuten garen.

3 In der Zwischenzeit für das Topping Möhre, Kohlrabi und Zucchini schälen bzw. waschen und sehr fein würfeln. In einer kleinen Pfanne im übrigen Öl etwa 5 Minuten unter Rühren dünsten. Die Blätter des zweiten Majoranzweigs abzupfen und fein hacken. Den Majoran zum Gemüse geben, mit Salz würzen.

4 Lorbeerblatt und Majoranzweig aus der Suppe entfernen und die Suppe mit dem Pürierstab fein pürieren. Mit Salz, Pfeffer und Muskat abschmecken. Die Suppe auf tiefe Teller verteilen, mit Gemüsewürfeln bestreuen.

Bei Verträglichkeit:

L: Haferdrink durch Sahne ersetzen

Möhrensuppe

Für 2 Portionen

Zubereitungszeit: 15 Minuten

Eine Portion enthält:

273 kcal, 1140 kJ, 4 g E, 22 g F, 14 g KH

Zutaten

2 Möhren
1 Fenchelknolle
1 kleine weiße Zwiebel
2 EL Olivenöl
750 ml Gemüsebrühe (selbst gemacht, S. 169)
½ TL gemahlener Koriander
frisch gemahlener weißer Pfeffer (wenn verträglich)
Salz
3 Petersilienstängel

Zubereitung

1 Die Möhren schälen und grob würfeln. Fenchel waschen und fein würfeln. Das Fenchelgrün aufbewahren. Zwiebel schälen und fein würfeln. Olivenöl in einem Topf erhitzen und die Zwiebel glasig andünsten. Möhren und Fenchel zugeben und bei starker Hitze 3 Minuten dünsten.

2 Mit der Gemüsebrühe ablöschen und zugedeckt 10 Minuten unter gelegentlichem Rühren köcheln lassen.

3 Suppe mit dem Pürierstab fein pürieren und mit Koriander, Pfeffer und Salz abschmecken.

4 Petersilie und Fenchelgrün waschen, trocken schütteln und fein hacken. Suppe in zwei tiefe Teller geben und mit Petersilie und Fenchelgrün bestreuen.

Bei Verträglichkeit:

L: Nach Belieben einen Klacks geschlagene Sahne auf die Suppe geben

Süßkartoffel-Kokos-Suppe

Für 2 Portionen

Zubereitungszeit: 40 Minuten

Eine Portion enthält:
224 kcal, 938 kJ, 4 g E, 9 g F, 32 g KH

Zutaten

1 weiße Zwiebel
2 cm Ingwer
225 g Süßkartoffeln
150 g Knollensellerie
1 EL Rapsöl
1 TL gemahlene Kurkuma
200 ml ungesüßte Kokosmilch
½ TL Gemüsebrühe
Salz
frisch gemahlener weißer Pfeffer (wenn verträglich)

Zubereitung

1 Zwiebel, Ingwer, Süßkartoffeln und Sellerie schälen und fein würfeln.

2 Das Öl in einem Topf erhitzen und Zwiebel und Ingwer darin dünsten. Kurkuma einige Sekunden darin anschwitzen, dann Süßkartoffeln und Sellerie zufügen.

3 Mit Kokosmilch und 375 ml Wasser ablöschen. Aufkochen lassen, die Brühe einrühren und mit Salz und Pfeffer würzen. Zugedeckt ca. 20 Minuten köcheln lassen.

TIPP

Mit Kernen von einem Viertel Granatapfel und gehacktem Koriander bestreuen.

Bei Verträglichkeit:

H: Kurkuma durch Curry ersetzen.
1 Knoblauchzehe mit anschwitzen

Hackklößchensuppe

Für 2 Portionen

Zubereitungszeit: 30 Minuten

Eine Portion enthält:

419 kcal, 1757 kJ, 27 g E, 25 g F, 21 g KH

Zutaten

1 weiße Zwiebel
250 g frisch durchgedrehtes gemischtes Hackfleisch
1½ TL Salz
frisch gemahlener weißer Pfeffer (wenn verträglich)
2 TL Butter
200 g festkochende Kartoffeln
100 g Möhren
1 TL Gemüsebrühpulver (selbst gemacht, S. 170)
1 Lorbeerblatt
1 EL gehackte Petersilie

Zubereitung

1 Zwiebel schälen und fein hacken. Die Hälfte der Zwiebel mit Hackfleisch, ½ TL Salz und etwas Pfeffer in einer Schüssel mischen und zu kleinen Bällchen formen. Die andere Zwiebelhälfte in einem großen Topf in der heißen Butter andünsten.

2 Kartoffeln und Möhren schälen, in Würfel schneiden und zusammen mit 650 ml Wasser, Gemüsebrühpulver und Lorbeerblatt 20 Minuten köcheln lassen. Dann die Hackbällchen dazugeben und weitere 10 Minuten köcheln.

3 In zwei tiefe Teller geben und mit der Petersilie bestreut servieren.

TIPP

Je nach Verträglichkeit kann die Gemüsesuppe natürlich auch mit anderem bzw. weiterem Gemüse zubereitet werden. Es eignen sich Lauch, Petersilienwurzel, Pastinaken, gelbe Bete und andere Wurzel- und Knollengemüse.

Rote-Bete-Suppe

Für 2 Portionen

Zubereitungszeit: 35 Minuten

Eine Portion enthält:
175 kcal, 733 kJ, 4 g E, 8 g F, 22 g KH

Zutaten

2½ gegarte Rote Bete (vakuumverpackt)
1 weiße Zwiebel
1 Möhre
3 Basilikumstängel
Salz
1 EL Olivenö
frisch gemahlener weißer Pfeffer (wenn verträglich)

Zubereitung

1 Rote Bete vierteln. Zwiebel schälen, Möhre waschen und beides in Würfel schneiden. Basilikum waschen, trocken schütteln und die Blättchen abzupfen.

2 Rote Bete, Zwiebel und Möhre in einem Topf mit 750 ml Wasser bedecken. Salz hinzufügen und 25 Minuten bei mittlerer Hitze kochen.

3 Basilikum in den letzten 10 Minuten hinzufügen und mitkochen.

4 Olivenöl hinzufügen, die Suppe pürieren und mit Pfeffer abschmecken. Auf zwei tiefe Teller verteilen.

Bei Verträglichkeit:

H: 1 durchgepresste Knoblauchzehe dazugeben. Am Schluss mit 1 Spritzer Zitronensaft verfeinern

Leichter Kartoffelsalat

Für 2 Portionen

Zubereitungszeit: 20 Minuten Kochzeit am Vortag, 20 Minuten Zubereitungszeit plus 1 Stunde Ziehzeit

Eine Portion enthält:
506 kcal, 2123 kJ, 7 g E, 33 g F, 44 g KH

Zutaten

500 g Kartoffeln
Salz
1 Bund Radieschen
½ Salatgurke
½ Friséesalat
250 ml Gemüsebrühe (selbst gemacht, S. 169)
4 EL Rapsöl
frisch gemahlener weißer Pfeffer (wenn verträglich)

Zubereitung

1 Kartoffeln am Vortag in reichlich Salzwasser gar kochen, dann auskühlen lassen und pellen.

2 Am nächsten Tag Kartoffeln in Scheiben schneiden, Radieschen waschen und in Scheiben schneiden, Gurke waschen und in Scheiben hobeln, Salat waschen und in Stücke zupfen.

3 Alles in einer Schüssel vermischen. Brühe und Öl darübergeben, mit Salz und Pfeffer würzen, gut verrühren und mindestens 1 Stunde ziehen lassen.

Quinoa-Salat mit Roastbeef und Mango

Für 2 Portionen

Zubereitungszeit: 15 Minuten

Eine Portion enthält:
503 kcal, 2105 kJ, 31 g E, 24 g F, 40 g KH

Zutaten

- 80 g Quinoa
- 1 Mango
- 1 EL Olivenöl
- ½ TL Reissirup
- 2 EL Apfelessig
- Salz
- frisch gemahlener weißer Pfeffer (wenn verträglich)
- 150 g Roastbeefscheiben
- 100 g latosefreien Mozzarella
- 1 Handvoll Basilikumblätter

Zubereitung

1 Die Quinoa in 120 ml kochendem Wasser zugedeckt bei mittlerer Hitze ca. 8 Minuten garen. 5 Minuten zugedeckt auf der ausgeschalteten Herdplatte ziehen lassen.

2 In der Zwischenzeit die Mango schälen, das Fruchtfleisch vom Stein schneiden und klein würfeln. Olivenöl, Reissirup, Apfelessig, Salz und Pfeffer miteinander verquirlen.

3 Quinoa, wenn nötig, in ein Sieb abgießen und in eine Schüssel geben. Mango und zwei Drittel des Dressings hinzufügen und unterheben. Mit Salz und Pfeffer abschmecken.

4 Den Salat mit den Roastbeefscheiben auf zwei Tellern anrichten. Den Mozzarella halbieren und je eine Hälfte auf den Salat legen. Übriges Dressing auf das Roastbeef und den Mozzarella träufeln. Den Salat mit Basilikumblättern bestreuen.

Bei Verträglichkeit:

F: Reissirup durch Honig ersetzen

L: Laktosefreien Mozzarella durch herkömmlichen ersetzen

Spitzkohl-Mandel-Salat mit Hähnchen

Für 2 Portionen

Zubereitungszeit: 40 Minuten

Eine Portion enthält:
470 kcal, 1965 kJ, 31 g E, 31 g F, 16 g KH

Zutaten

200 g Spitzkohl
1 rote Spitzpaprika
2 Frühlingszwiebeln (nur das Grün)
100 g Möhre
1 EL Mandelmus
2 EL Apfelessig
1 EL Coco Aminos (verträglicher Ersatz für Sojasauce)
1 TL Reissirup
2 EL Rapsöl
Salz
einige Chiliflocken (wenn verträglich)
200 g Hähnchenbrustfilet
2 TL helles Sesamöl
frisch gemahlener weißer Pfeffer (wenn verträglich)
10–15 Mandeln

Zubereitung

1 Spitzkohl waschen, den harten Strunk entfernen und die Blätter in dünne Streifen schneiden. In einer Schüssel mit wenig Salz mit den Händen etwa 2 Minuten leicht durchkneten. Paprika halbieren, Samen und Scheidewände entfernen, Fruchtfleisch waschen und quer in feine Streifen schneiden. Frühlingszwiebelgrün waschen und das Grün schräg in dünne Ringe schneiden. Möhre schälen und grob raspeln. Alles in einer Schüssel vermischen.

2 Für das Dressing Mandelmus, Apfelessig, Coco Aminos, Reissirup und Rapsöl mit 2 EL Wasser verrühren. Alles mit Salz und Chiliflocken würzen und gut mit dem Gemüse vermischen. Den Salat etwa 20 Minuten durchziehen lassen.

3 Inzwischen das Fleisch waschen, trocken tupfen und quer in etwa 2 cm breite Streifen schneiden. In einer Grillpfanne im Sesamöl auf jeder Seite 2 bis 3 Minuten braten, salzen und pfeffern.

4 Mandeln hacken und über den Salat streuen. Das Hähnchen dazu servieren.

Bei Verträglichkeit:
F: Reissirup durch Ahornsirup ersetzen
H: Coco Aminos durch Sojasauce ersetzen

Lamm-Kartoffel-Salat

Für 2 Portionen

Zubereitungszeit: 45 Minuten

Eine Portion enthält:

361 kcal, 1512 kJ, 20 g E, 18 g F, 28 g KH

Zutaten

1 rote Paprika
300 g festkochende kleine Kartoffeln
Salz
frisch gemahlener weißer Pfeffer (wenn verträglich)
2 EL Olivenöl
75 g Baby-Pak-Choi
150 g Lammfilet
1 Msp. gemahlener Ingwer
1 Msp. gemahlene Kurkuma
1 EL Branntweinessig

Zubereitung

1 Den Backofengrill vorheizen. Paprika vierteln, Samen und Scheidewände entfernen, Fruchtfleisch waschen und mit der Hautseite nach oben auf ein mit Backpapier belegtes Backblech legen. Etwa 10 Minuten im Backofen grillen, bis die Haut Blasen wirft und schwarz wird. Herausnehmen und mit einem feuchten Tuch abdecken. Abkühlen lassen, dann häuten und in Streifen schneiden. Die Ofentemperatur auf 200 °C stellen.

2 In der Zwischenzeit die Kartoffeln schälen und vierteln. Mit Salz und Pfeffer würzen, auf ein mit Backpapier belegtes Backblech legen, mit ½ EL Olivenöl beträufeln und im vorgeheizten Backofen 20 bis 25 Minuten backen, dabei gelegentlich wenden.

3 Den Pack Choi waschen, trocken schleudern und in mundgerechte Stücke zupfen.

4 Lammfilet salzen und pfeffern. ½ EL Öl in einer Pfanne erhitzen und Lammfilet darin bei mittlerer Hitze kurz anbraten, herausnehmen. 5 bis 8 Minuten vor Ende der Garzeit zu den Kartoffeln legen. Ingwer und Kurkuma mit ½ EL Öl verrühren und die Kartoffeln damit bepinseln.

5 Essig und restliches Olivenöl verrühren, den Salat damit vermischen, mit Salz und Pfeffer würzen. Fleisch in dünne Scheiben schneiden und mit den Kartoffeln auf den Salat legen. Paprikastreifen darübergeben.

Bei Verträglichkeit:

H: Ingwer und Kurkuma durch Curry ersetzen
L: 50 g Mini-Mozzarella über den Salat geben (bei wenig schwerer Laktoseintoleranz oft verträglich)

Spitzkohl-Lachs-Salat

Für 2 Portionen

Zubereitungszeit: 20 Minuten

Eine Portion enthält:
437 kcal, 1824 kJ, 24 g E, 30 g F, 16 g KH

Zutaten

400 g Spitzkohl
Salz
2–3 EL Apfelessig
2½ EL Olivenöl
Salz
frisch gemahlener weißer Pfeffer (wenn verträglich)
1 Prise Zucker
175 g Aprikosen
200 g Lachsfilet
1 Msp. gemahlener Ingwer
1 Msp. gemahlene Kurkuma
2 Stiele Basilikum

Zubereitung

1 Spitzkohl waschen, halbieren und den harten Strunk herausschneiden. Kohl in feine Streifen schneiden und in einer Schüssel mit etwas Salz mit den Händen 5 Minuten kräftig kneten.

2 Spitzkohl mit Essig und 2 EL Olivenöl mischen. Mit Salz, Pfeffer und Zucker abschmecken. Aprikosen waschen, halbieren und entsteinen. Aprikosenhälften in Spalten schneiden und vorsichtig unter den Spitzkohl mischen.

3 Lachs mit Salz, Pfeffer, Ingwer und Kurkuma rundherum würzen. Das restliche Olivenöl in einer Pfanne erhitzen und den Lachs bei mittlerer bis starker Hitze auf jeder Seite 3 bis 4 Minuten braten.

4 Blätter vom Basilikum abzupfen und unter den Salat mischen. Lachs in grobe Stücke zupfen und mit dem Salat servieren.

Bei Verträglichkeit:

H: Kurkuma und Ingwer durch ½ TL Curry ersetzen

Gebackener Blumenkohl-salat

Für 2 Portionen

Zubereitungszeit: 45 Minuten

Eine Portion enthält:
303 kcal, 1267 kJ, 16 g E, 21 g F, 12 g KH

Zutaten

½ TL Fenchelsamen
½ TL Koriandersamen
½–1 TL gemahlene Kurkuma
750 g Blumenkohl
1 EL Olivenöl
40 g Mandelblättchen
½ Bund Koriander
je 2 Minze,- Petersilien- und Dillstängel
100 g laktosefreier Joghurt
Salz
frisch gemahlener weißer Pfeffer (wenn verträglich)
½ TL Schwarzkümmelsamen

Zubereitung

1 Für die Gewürzmischung Fenchel und Koriander in einer Pfanne ohne Fett anrösten, bis sie duften (30 bis 40 Sekunden). Kurkuma unterrühren und abkühlen lassen.

2 Backofen auf 230 °C vorheizen. Blumenkohl waschen und in kleine Röschen teilen. Geröstete Gewürze in einem Mörser zerstoßen. Mit Blumenkohl und Öl in einer Schüssel mischen und salzen. Auf ein Backblech geben und im vorgeheizten Ofen 15 bis 20 Minuten backen. Blumenkohl etwas abkühlen lassen.

3 In der Zwischenzeit Mandeln in einer Pfanne ohne Fett goldbraun rösten, herausnehmen. Kräuter waschen, trocken schütteln, Blättchen abzupfen und grob hacken.

4 Für das Dressing Joghurt mit Salz, Pfeffer und den Kräutern verrühren. Blumenkohl mit dem Dressing vermischen und mit Mandeln und Schwarzkümmel bestreuen.

Bei Verträglichkeit:

L: Laktosefreien Joghurt durch herkömmlichen Joghurt ersetzen

Paprika-Gurken-Salat

Für 2 Portionen

Zubereitungszeit: 10 Minuten

Eine Portion enthält:

247 kcal, 1033 kJ, 1 g E, 23 g F, 9 g KH

Zutaten

- 1 rote Paprika
- ½ Salatgurke
- 2 Frühlingszwiebeln (nur das Grün)
- 3 EL Olivenöl
- 3 EL Rhabarbersaft
- Salz
- frisch gemahlener weißer Pfeffer (wenn verträglich)
- 1 Handvoll Kresse

Zubereitung

1 Paprika und Gurke waschen. Paprika halbieren, Samen und Scheidewände entfernen und das Fruchtfleisch klein schneiden. Gurke ebenfalls klein schneiden. Frühlingszwiebelgrün waschen und in Röllchen schneiden. Alles vermischen.

2 Für das Dressing Olivenöl, Rhabarbersaft, Salz und Pfeffer vermengen. Zusammen mit der Kresse unterrühren.

TIPP

Mit Schafskäsewürfeln, gewürfeltem Mozzarella oder auch gewürfeltem Hartkäse (vorausgesetzt, dass SIe Laktose vertragen) und verträglichem Brot (auch gerne getoastet) wird aus diesem Salat eine sommerliche Hauptspeise für eine Person.

Bei Verträglichkeit:

F: Rhabarbersaft durch Apfelsaft ersetzen

HAUPTGERICHTE

Kartoffel-Fenchel-Auflauf

Für 2 Portionen

Zubereitungszeit: 15 Minuten plus 45 Minuten Backzeit

Eine Portion enthält:
479 kcal, 2008 kJ, 14 g E, 14 g F, 69 g KH

Zutaten

2 Fenchelknollen
600 g festkochende Kartoffeln
30 g Butter
30 g Kartoffelstärke
350 ml Mandeldrink
1 Schuss Apfelessig
Salz
½ TL Paprikapulver
frisch gemahlener weißer Pfeffer (wenn verträglich)

Zubereitung

1 Fenchel putzen, waschen und der Länge nach in dünne Spalten schneiden. Fenchelgrün beiseitelegen. Kartoffeln schälen und ebenfalls der Länge nach in dünne Scheiben schneiden oder hobeln.

2 Butter in einem Topf erhitzen. Mit der Kartoffelstärke bestäuben und unter Rühren anschwitzen. Langsam den Mandeldrink hineinrühren und unter Rühren 3 bis 5 Minuten köcheln lassen, bis die Béchamelsauce eingedickt ist. Béchamelsauce mit Essig und Salz abschmecken. Den Backofen auf 180 °C vorheizen.

3 Kartoffel- und Fenchelscheiben im Wechsel dachziegelartig in die Auflaufform schichten. Béchamelsauce darübergießen und mit etwas Paprikapulver bestreuen. Im vorgeheizten Backofen ca. 45 Minuten garen.

4 Mit gehacktem Fenchelgrün bestreut servieren.

Bei Verträglichkeit:

G: Kartoffelstärke durch Weizenmehl ersetzen
H: Apfelessig durch Zitronensaft ersetzen. 1 TL gehackte Kapern dazugeben
L: Mandeldrink durch Milch ersetzen

Schmorgurken mit Lachs

Für 2 Portionen

Zubereitungszeit: 20 Minuten plus Auftauzeit

Eine Portion enthält:

510 kcal, 2135 kJ, 34 g E, 37 g F, 11 g KH

Zutaten

- 250 g TK-Lachsfilet
- 500 g Schmorgurken (oder 1 Salatgurke)
- 1 weiße Zwiebel
- 1 EL Olivenöl
- Salz
- frisch gemahlener weißer Pfeffer (wenn verträglich)
- 100 ml Gemüsebrühe (selbst gemacht, Seite 169)
- 100 g Hafer-Cuisine
- 1 Bund Dill
- 2 EL Kürbiskerne

Zubereitung

1 Das Lachsfilet rechtzeitig im Kühlschrank auftauen lassen.

2 Die Gurken waschen, schälen und halbieren. Die Kerne mit einem Teelöffel herausschaben. Gurken in etwa 1,5 cm breite Stücke schneiden. Zwiebel schälen und fein würfeln.

3 Das Lachsfilet in etwa 2 cm große Würfel schneiden. Öl in einer Pfanne erhitzen und den Fisch darin von allen Seiten 4 Minuten bei mittlerer Hitze hellbraun anbraten. Dann herausnehmen, salzen und pfeffern. Zwiebeln in die heiße Pfanne geben und 2 Minuten bei mittlerer Hitze dünsten. Dann die Gurken zugeben und 2 Minuten mitdünsten. Mit Salz und Pfeffer würzen. Brühe und Hafer-Cuisine dazugeben, kurz aufkochen lassen und bei schwacher Hitze 4 bis 5 Minuten köcheln lassen.

5 In der Zwischenzeit den Dill waschen, trocken schütteln und fein hacken.

6 Den Lachs wieder in die Pfanne geben und 2 weitere Minuten garen. Mit Salz und Pfeffer abschmecken. Mit Dill, Kürbiskernen und Pfeffer bestreut servieren.

Bei Verträglichkeit:

L: Hafer-Cuisine durch saure Sahne ersetzen

Kräuter-Safran-Risotto

Für 2 Portionen

Zubereitungszeit: 35 Minuten

Eine Portion enthält:

365 kcal, 1526 kJ, 6 g E, 11 g F, 60 g KH

Zutaten

325 ml Gemüsebrühe (selbst gemacht, S. 169)
2 Schalotten
1 EL Rapsöl
150 g Risottoreis
1 Döschen Safranfäden
Salz
frisch gemahlener weißer Pfeffer
frisch geriebene Muskatnuss
2 EL gehackte Petersilie
1 EL gehackter Kerbel

Zubereitung

1 Die Gemüsebrühe erhitzen. Schalotten schälen und sehr fein würfeln. Das Öl in einem Topf erhitzen und Schalotten zusammen mit dem Reis darin glasig dünsten. Safran zugeben und mit einem Drittel der Gemüsebrühe ablöschen.

2 Den Reis unter häufigem Rühren 20 bis 25 Minuten garen, dabei jeweils immer wieder etwas Gemüsebrühe zugießen, sobald die Flüssigkeit vom Reis aufgenommen ist.

3 Risotto mit Salz, Pfeffer und Muskat würzen. Zum Schluss die Kräuter unterrühren.

TIPP

Ein Risotto kann mit allerlei Gemüsesorten variiert werden. Zum Beispiel mit Spargel (Rezept Seite 118), mit Kürbis oder mit Pilzen wie Pfifferlingen oder Steinpilzen.

Bei Verträglichkeit:

H: Mit geriebenem Pecorino oder Parmesan bestreuen

Kartoffel-Möhren-Eintopf mit Hähnchen

Für 2 Portionen

Zubereitungszeit: 25 Minuten

Eine Portion enthält:
407 kcal, 1702 kJ, 41 g E, 12 g F, 32 g KH

Zutaten

175 g Möhren
250 g festkochende Kartoffeln
1 Stange Staudensellerie
1 EL Rapsöl
Salz
frisch gemahlener weißer Pfeffer (wenn verträglich)
300 ml Gemüsebrühe (selbst gemacht, S. 169)
75 g Erbsen (frisch oder TK)
200 ml Kokosmilch
2 Hähnchenbrustfilets (à 150 g)

Zubereitung

1 Möhren und Kartoffeln schälen und in kleine Würfel schneiden. Staudensellerie waschen und quer in feine Scheiben schneiden.

2 Das Öl in einem mittelgroßen Topf erhitzen und Möhren, Kartoffeln und Sellerie darin dünsten. Mit Salz und Pfeffer würzen. Gemüsebrühe, Erbsen und Kokosmilch dazugeben und aufkochen lassen.

3 Die Hähnchenbrustfilets in die Suppe legen und zugedeckt bei schwacher Hitze in ca. 12 Minuten garen. Dann die Hähnchenfilets herausnehmen, kurz ruhen lassen, mit einem scharfen Messer in dünne Scheiben schneiden und zurück in die Suppe geben.

Bei Verträglichkeit:
H: Mit Chilipulver kräftig würzen

Ofengemüse mit Hähnchen und Reis

Für 2 Portionen

Zubereitungszeit: 10 Minuten plus 35 Minuten Backzeit

Eine Portion enthält:
790 kcal, 3303 kJ, 44 g E, 20 g F, 106 g KH

Zutaten

1 Zucchini
1 rote Paprika
½ Lauchstange (nur das Grüne)
1 Oreganostängel
2 Hähnchenbrustfilets (à 125 g)
2 EL Olivenöl
Salz
frisch gemahlener weißer Pfeffer (wenn verträglich)
Cayennepfeffer (wenn verträglich)
edelsüßes Paprikapulver
250 g Reis
1 EL Ajvar (S. 175)
1 EL Apfelessig

Zubereitung

1 Den Backofen auf 200 °C vorheizen. Zucchini waschen und in Würfel schneiden. Paprika halbieren, Samen und Scheidewände entfernen, Fruchtfleisch waschen und in Würfel schneiden. Lauchgrün waschen und Ringe schneiden. Oregano waschen, trocken schütteln und Blättchen abzupfen.

2 Hähnchenbrustfilets halbieren. Gemüse und Oregano auf ein Backblech oder in eine große Auflaufform geben, mit Öl beträufeln und vermischen. Fleischstücke auf das Gemüse legen und alles mit Salz, Pfeffer, Cayennepfeffer und Paprikapulver würzen. Im vorgeheizten Backofen 25 Minuten backen, dabei ein- bis zweimal wenden.

3 In der Zwischenzeit den Reis in Salzwasser gar kochen, dann Ajvar unterrühren. Backblech bzw. Auflaufform aus dem Ofen nehmen, den Reis unter das Gemüse heben und weitere 5 bis 8 Minuten mit der Grillfunktion des Backofens garen, dabei das Fleisch bräunen.

4 Aus dem Backofen nehmen und mit Apfelessig beträufeln.

Bei Verträglichkeit:

H: Vor dem Backen ½ durchgepresste Knoblauchzehe unter das Gemüse mischen

Reisauflauf mit Austernpilzen

Für 2 Portionen

Zubereitungszeit: 25 Minuten plus 25 Minuten Backzeit

Eine Portion enthält:
668 kcal, 2795 kJ, 22 g E, 38 g F, 58 g KH

Zutaten

125 g Langkornreis
250 ml Gemüsebrühe (selbst gemacht, S. 169)
Salz
Rapsöl für die Form
1 EL Kürbiskerne
½ weiße Zwiebel
1 EL Butter
125 g Austernpilze
½ EL Speisestärke
125 ml Haferdrink
¼ TL Senfpulver (wenn verträglich)
frisch gemahlener weißer Pfeffer (wenn verträglich)
frisch geriebene Muskatnuss
150 g laktosefreien Feta

Zubereitung

1 Den Reis mit Brühe und Salz in einem Topf aufkochen lassen. Zugedeckt 15 bis 20 Minuten gut bissfest kochen. Von der Platte nehmen und ohne Deckel abkühlen lassen.

2 Den Ofen auf 180 °C Umluft vorheizen. Eine große Auflaufform fetten.

3 Die Kürbiskerne in einer beschichteten Pfanne ohne Fett rösten. Anschließend herausnehmen.

4 Die Zwiebel schälen, fein hacken und in ½ EL Butter andünsten. Die Austernpilze putzen, nach Bedarf grob zerkleinern, in die Pfanne geben und 2 bis 3 Minuten mitbraten. Dann die Pfanne von der Platte ziehen.

5 Reis mit Pilzen und Kürbiskernen in der Form verteilen. Die restliche Butter in der Pfanne erhitzen. Die Stärke darüber streuen und unter Rühren goldbraun werden lassen. Dann mit dem Haferdrink ablöschen, dabei ständig mit einem Schneebesen weiterrühren, damit keine Klumpen entstehen. Senfpulver einrühren und mit Salz, Pfeffer und Muskat würzen. Bei Bedarf noch mit etwas Haferdrink oder Wasser verdünnen.

6 Über den Auflauf gießen, den Feta darüber zerbröseln und 20 bis 25 Minuten im vorgeheizten Ofen goldbraun backen.

Bei Verträglichkeit:

L: Haferdrink durch Sahne ersetzen. Laktosefreien Feta durch herkömmlichen ersetzen

Rosenkohlreis

Für 2 Portionen

Zubereitungszeit: 45 Minuten

Eine Portion enthält:
542 kcal, 2257 kJ, 21 g E, 26 g F, 26 g KH

Zutaten

- 125 g Naturreis
- Salz
- 250 g Rosenkohl
- 1 kleine weiße Zwiebel
- 1 EL Rapsöl
- 50 ml Gemüsebrühe (selbst gemacht, S. 169)
- frisch gemahlener weißer Pfeffer (wenn verträglich)
- frisch geriebene Muskatnuss
- ½ Bund Petersilie
- 1 Majoranstängel
- 1 Thymianzweig
- 1 EL Frischkäse
- ½ Kugel laktosefreien Mozzarella

Zubereitung

1 Reis in kochendem Salzwasser nach Packungsanleitung garen. In der Zwischenzeit Rosenkohl putzen und halbieren. Zwiebel schälen und fein würfeln.

2 Das Öl in einer Pfanne erhitzen und Rosenkohl und Zwiebel darin bei mittlerer Hitze einige Minuten andünsten. Mit Brühe ablöschen, mit Salz, Pfeffer und Muskat würzen und zugedeckt ca. 8 Minuten leicht bissfest gar dünsten. In der Zwischenzeit Kräuter waschen, trocken schütteln und Blättchen grob hacken.

3 Frischkäse zum Rosenkohl geben, untermischen und abschmecken. Mozzarella abtropfen lassen und in Scheiben schneiden. Mit in die Pfanne legen und schmelzen lassen.

4 Reis auf zwei Teller verteilen und Gemüse darübergeben.

TIPP

Wer möchte, bestreut den Reis noch mit gehackten Mandeln.

Bei Verträglichkeit:

L: Laktosefreien Mozzarella durch herkömmlichen ersetzen

Kabeljau-Fenchel-Omelett

Für 2 Portionen

Zubereitungszeit: 45 Minuten

Eine Portion enthält:

769 kcal, 3212 kJ, 83 g E, 44 g F, 10 g KH

Zutaten

600 g TK-Kabeljaufilet (oder fangfrischer Kabeljau)
Salz
frisch gemahlener weißer Pfeffer (wenn verträglich)
1 weiße Zwiebel
1 Fenchelknolle
2 EL Butter
¼ Bund Schnittlauch
6 Eier
100 ml Hafer-Cuisine

Zubereitung

1 Den Ofen auf 200 °C vorheizen. Das Kabeljaufilet in mundgerechte Würfel schneiden, salzen und pfeffern. Die Zwiebel schälen und in Streifen schneiden. Den Fenchel putzen, von dem harten Strunk befreien und in kleine Würfel schneiden.

2 Die Butter in einer Pfanne erhitzen und Zwiebel und Fenchel darin andünsten. In einer Auflaufform verteilen. Den Kabeljau darüber verteilen.

3 Schnittlauch waschen, trocken schütteln und in Röllchen schneiden. Eier trennen, Eigelbe mit der Hafer-Cuisine verquirlen. Die Eiweiße steif schlagen und unterheben. Die Masse in die Auflaufform gießen und mit dem Großteil des Schnittlauchs bestreuen. Durch leichtes Rütteln der Form die Masse gleichmäßig verteilen.

4 Im vorgeheizten Ofen 20 bis 25 Minuten goldgelb backen. Mit Schnittlauch garniert servieren.

Bei Verträglichkeit:

L: Haferdrink durch Sahne ersetzen

Gemüsereis mit Granatapfeltopping

Für 2 Portionen

Zubereitungszeit: 40 Minuten

Eine Portion enthält:
546 kcal, 2288 kJ, 9 g E, 18 g F, 85 g KH

Zutaten

150 g Basmatireis
1 weiße Zwiebel
2–3 Physalis
1 EL Rapsöl zum Anbraten
3 Gewürznelken
1 TL Senfpulver (wenn verträglich)
25 g Macadamianüsse
½ TL gemahlene Kurkuma
frisch gemahlener weißer Pfeffer (wenn verträglich)
1 EL Reissirup
250 g TK-Gemüsemischung
Salz
½ Granatapfel
2 EL gehackte Minze

Zubereitung

1 Den Reis in einem Sieb waschen und abtropfen lassen. Zwiebel schälen und fein würfeln. Die Physalis vorsichtig mit der Hand ausdrücken und den Saft auffangen.

2 Das Öl in einem Topf erhitzen, Zwiebel und die Gewürznelken darin braten, bis die Zwiebeln gebräunt sind. Senfpulver, Macadamianüsse, Kurkuma, Pfeffer und ½ EL Reissirup zugeben und kurz mitdünsten. Gemüse, Reis, etwas Saft der Physalis und Salz zufügen.

3 300 ml heißes Wasser dazugießen, aufkochen lassen und zugedeckt bei mittlerer Hitze 8 Minuten kochen. Dann noch 10 Minuten auf der ausgeschalteten Herdplatte quellen lassen.

4 In der Zwischenzeit für das Topping die Kerne aus dem Granatapfel lösen. Mit der restlichen Zwiebel, gehackter Minze, etwas Saft der Physalis und dem restlichen Reissirup verrühren. Mit Salz abschmecken.

5 Den Reis mit einer Gabel auflockern und mit dem restlichen Saft der Physalis, Salz und Pfeffer abschmecken. Das Topping darübergeben.

Bei Verträglichkeit:

F: Reissirup durch Honig ersetzen

H: Physalis durch Saft 1 Bio-Zitrone ersetzen und die abgeriebene Schale vor dem Kochen zum Reis geben. Nach Wunsch Knoblauch mitdünsten und mit Pfeffer würzen.

Zucchini-Hirse-Bowl

Für 2 Portionen

Zubereitungszeit: 40 Minuten

Eine Portion enthält:
457 kcal, 1908 kJ, 17 g E, 25 g F, 40 g KH

Zutaten

100 g Hirse
Salz
Olivenöl zum Würzen und Braten
1 grüne Zucchini
1 gelbe Zucchini
2 EL laktosefreier Joghurt
1 TL Apfelessig
Kräutersalz
Kürbis- und Sonnenblumenkerne
einige Minzblättchen

Zubereitung

1 Hirse in einem Sieb unter fließendem heißem Wasser waschen, bis das Wasser nicht mehr milchig ist. Mit der doppelten Menge Salzwasser 5 Minuten aufkochen und bei schwacher Hitze 20 Minuten garen. Auskühlen lassen und mit dem Olivenöl verrühren.

2 Zucchini waschen. Die grüne Zucchini in Scheiben schneiden und in einer Pfanne in etwas heißem Öl kurz anbraten. Mit Kräutersalz würzen. Die gelbe Zucchini grob raspeln, mit dem Joghurt vermischen und mit Apfelessig und Kräutersalz nach Geschmack würzen.

3 Alles in zwei Schälchen anrichten und mit Kürbis- und Sonnenblumenkernen sowie Minzblättchen garnieren.

TIPP

Statt laktosefreiem Joghurt Kokosjoghurt verwenden.

Bei Verträglichkeit:

L: Laktosefreien Joghurt durch herkömmlichen Joghurt ersetzen

Ofengemüse mit Preiselbeer-Chili-Creme

Für 2 Portionen

Zubereitungszeit: 30 Minuten plus 30 Minuten Backzeit

Eine Portion enthält:
574 kcal, 2408 kJ, 8 g E, 28 g F, 49 g KH

Zutaten

300 g Kartoffeln
450 g Gemüse (z. B. Möhren, Fenchel, Paprika, Blumenkohl, Grünkohl)
1–2 EL Rapsöl
Salz
frisch gemahlener weißer Pfeffer (wenn verträglich)
25 g Pistazien
Olivenöl zum Beträufeln

Für die Creme:
½ milde rote Chilischote (wenn verträglich)
50 g Preiselbeeren (Glas)
125 g Hafer-Cuisine
etwas Reissirup
Salz
frisch gemahlener weißer Pfeffer (wenn verträglich)

Zubereitung

1 Den Backofen auf 200 °C vorheizen. Kartoffeln schälen und in Würfel schneiden. Gemüse waschen, nach Bedarf schälen und klein schneiden. Kartoffeln und Gemüse auf einem mit Backpapier belegten Blech verteilen. Mit Rapsöl beträufeln, vermischen, salzen und pfeffern. Die Pistazien hacken und darüberstreuen. Im vorgeheizten Ofen 30 bis 35 Minuten backen.

2 In der Zwischenzeit für die Creme die Chilischote waschen, halbieren, die Samen entfernen und die Schote fein hacken. Preiselbeeren und Chili mit den anderen Zutaten mischen und abschmecken.

3 Gemüse mit etwas Olivenöl beträufeln. Preiselbeer-Chili-Creme dazu servieren.

TIPP

Dazu passt gedünsteter Fisch.

Bei Verträglichkeit:

F: Reissirup durch Ahornsirup ersetzen
H: Mit etwas frisch gepresstem Zitronensaft abschmecken
L: Hafer-Cuisine durch saure Sahne ersetzen
S: Preiselbeeren durch Brombeeren ersetzen

Kartoffel-Möhren-Puffer

Für 2 Portionen

Zubereitungszeit: 15 Minuten plus 30 Minuten Backzeit

Eine Portion enthält:
574 kcal, 2403 kJ, 16 g E, 14 g F, 94 g KH

Zutaten

700 g festkochende Kartoffeln
400 g Möhren
1 weiße Zwiebel
2 Eier
4 EL glutenfreies Mehl
Salz
frisch gemahlener weißer Pfeffer (wenn verträglich)
Majoran
Thymian
Rapsöl zum Formen und für das Blech

Zubereitung

1 Den Backofen auf 180 °C vorheizen und ein Backblech mit Backpapier auslegen. Kartoffeln, Möhren und Zwiebel schälen, fein reiben und vermischen.

2 Den sehr feuchten Teig portionsweise mit den Händen ausdrücken. Die Eier und das Mehl unterrühren und den Teig mit Salz, Pfeffer, Majoran und Thymian würzen.

3 Die Hände mit etwas Öl benetzen, jeweils eine kleine Portion des Teigs aus der Schüssel nehmen, schnell zu flachen Puffern formen und auf das Backblech setzen.

4 Kartoffel-Möhren-Puffer im vorgeheizten Backofen etwa 30 Minuten backen, nach der Hälfte der Zeit wenden.

Bei Verträglichkeit:

G: Glutenfreies Mehl durch Weizen- oder Dinkelmehl ersetzen

Haferflockenbratlinge mit Selleriepüree

Für 2 Portionen

Zubereitungszeit: 30 Minuten

Eine Portion enthält:
480 kcal, 2008 kJ, 8 g E, 32 g F, 39 g KH

Zutaten

Für die Bratlinge:

1 Möhre
½ weiße Zwiebel
¼ rote Paprika
75 g feine Haferflocken
1 Prise Paprikapulver
1 Prise Salz
2 EL Rapsöl

Für das Selleriepüree:

1 kleine Sellerieknolle
1 Lorbeerblatt
Salz
125 ml Mandeldrink
1 EL Butter
1 EL Hafer-Cuisine
frisch gemahlener weißer Pfeffer (wenn verträglich)
1 TL Apfelessig
frisch geriebene Muskatnuss

Zubereitung

1 Möhre waschen und fein raspeln, Zwiebel schälen, Paprika waschen und Samen und Scheidewände entfernen. Paprika und Zwiebel in feine Würfel schneiden. Mit den Haferflocken, Paprikagewürz und Salz vermischen. 50 ml kochendes Wasser zugeben und gut verrühren. 10 bis 15 Minuten quellen lassen.

2 In der Zwischenzeit für das Püree die Sellerieknolle schälen, grob würfeln und mit dem Lorbeerblatt in Salzwasser zugedeckt ca. 20 Minuten weich kochen. Sellerie abgießen. Den Mandeldrink erwärmen, die Hälfte zum Sellerie gießen und mit dem Pürierstab kurz mixen. Nach und nach den Rest des Mandeldrinks unterrühren, bis das Püree cremig ist. Butter und Hafer-Cuisine unterrühren. Mit Salz, Pfeffer, Apfelessig und Muskat abschmecken.

3 Aus der fertigen Bratling-Mischung mit angefeuchteten Händen vier Bratlinge formen. Das Öl in einer Pfanne erhitzen und die Bratlinge von beiden Seiten einige Minuten knusprig anbraten. Zu dem Püree servieren.

Bei Verträglichkeit:

H: Apfelessig durch frisch gepressten Zitronensaft ersetzen. Püree mit ¼ TL Chiliflocken abschmecken

L: Mandeldrink durch Milch und Hafer-Cuisine durch Sahne ersetzen

Sellerieschnitzel

Für 2 Portionen

Zubereitungszeit: 45 Minuten

Eine Portion enthält:
491 kcal, 2055 kJ, 14 g E, 31 g F, 39 g KH

Zutaten

- 400 g Knollensellerie
- Salz
- 30 g gemahlene Mandeln
- 50 g glutenfreies Paniermehl
- 1 Ei
- frisch gemahlener weißer Pfeffer (wenn verträglich)
- ½ TL edelsüßes Paprikapulver
- 40 g Hirsemehl
- 2–3 EL Rapsöl

Zubereitung

1 Sellerie schälen, waschen, in ca. 1 cm dicke Scheiben schneiden und in kochendem Salzwasser 4 bis 5 Minuten blanchieren. Herausnehmen, sofort in kaltem Wasser abschrecken und trocken tupfen.

2 Mandeln in einem tiefen Teller mit dem Paniermehl vermischen. Das Ei in einem zweiten tiefen Teller mit Salz, Pfeffer und Paprikapulver verquirlen. Das Hirsemehl in einen dritten tiefen Teller geben.

3 Die Selleriescheiben zuerst in Hirsemehl wenden, dann durch die Eimasse ziehen und zuletzt in der Paniermehlmischung wenden.

4 Das Rapsöl in einer beschichteten Pfanne erhitzen und die Sellerieschnitzel von jeder Seite 4 bis 5 Minuten goldgelb braten. Herausnehmen und auf Küchenpapier abtropfen lassen.

TIPP

Dazu passt ein süß-scharfer Dip mit Preiselbeeren und Senf (wenn verträglich).

Bei Verträglichkeit:

G: Hirsemehl durch Paniermehl ersetzen

Thai-Curry

Für 2 Portionen

Zubereitungszeit: 40 Minuten

Eine Portion enthält:
608 kcal, 2540 kJ, 38 g E, 46 g F, 11 g KH

Zutaten

Olivenöl zum Braten
2 Hähnchenschenkel
1 weiße Zwiebel
1 daumendickes Stück Ingwer
1 Zitronengrasstängel
1 Baby-Pak-Choi
½ Blumenkohl
1 Bund Thai-Basilikum
1 Lorbeerblatt
1 Dose vollfette Kokosmilch (400 ml)
Salz
frisch gemahlener weißer Pfeffer (wenn verträglich)

Zubereitung

1 Das Öl in einer großen Pfanne erhitzen und die Hähnchenschenkel mit der Hautseite nach unten bei mittlere Hitze 10 Minuten zugedeckt dünsten, dann wenden und weitere 10 Minuten zugedeckt dünsten.

2 In der Zwischenzeit Zwiebel und Ingwer schälen und fein hacken. Zitronengras waschen, Pak Choi waschen und in Streifen schneiden, Blumenkohl waschen und in Röschen teilen. Thai-Basilikum waschen, trocken schütteln und die Blätter in Streifen schneiden.

3 Die Hähnchenschenkel aus der Pfanne nehmen, das Fleisch von den Knochen zupfen und klein schneiden. Noch nicht ganz durchgegartes Fleisch gart später in der Sauce noch nach.

4 Die Zwiebeln in die Pfanne geben, nach Bedarf noch etwas mehr Öl zugeben und die Zwiebeln glasig dünsten. Dann Ingwer zugeben. Das Zitronengras mit einem Fleischklopfer platt klopfen und ebenfalls zugeben. Unter Rühren einige Minuten dünsten, nach Bedarf etwas Wasser zugeben.

5 Kokosmilch angießen und Blumenkohl, Hähnchenfleisch, Lorbeerblatt, Salz und Pfeffer hinzufügen. Gut verrühren und 7 bis 8 Minuten garen. Dann den Pack Choi zugeben und weitere 5 Minuten garen. Mit dem gehackten Thai-Basilikum bestreuen.

Bei Verträglichkeit:

H: 4 durchgedrückte Knoblauchzehen zusammen mit dem Ingwer zugeben

Spargelrisotto

Für 2 Portionen

Zubereitungszeit: 20 Minuten

Eine Portion enthält:
901 kcal, 3772 kJ, 18 g E, 29 g F, 29 g KH

Zutaten

3 EL Olivenöl
350 g Vollkorn-Risottoreis
500 ml Gemüsebrühe (selbst gemacht, S. 169)
250 g grüner Spargel
200 g weißer Spargel
Salz
frisch gemahlener weißer Pfeffer (wenn verträglich)

Zubereitung

1 1 EL Olivenöl in einem Topf erhitzen und den Risottoreis darin glasig andünsten. Kellenweise die Gemüsebrühe zugeben. Dabei den Reis die Flüssigkeit komplett aufnehmen lassen, erst dann wieder Brühe hinzugeben.

2 In der Zwischenzeit den Spargel waschen, schälen (grünen Spargel nur im unteren Drittel) und die holzigen Enden entfernen. Spargel in Stücke schneiden. Das restliche Öl in einer Pfanne erhitzen und den Spargel darin andünsten.

3 Spargel zum Risotto geben und unterheben. Mit Salz und Pfeffer abschmecken.

TIPP

Weißer und grüner Spargel unterscheiden sich nicht nur optisch, sondern auch geschmacklich. Der grüne ist etwas kräftiger im Geschmack, dafür kann der weiße manchmal ein wenig bitter sein. Je nach Vorliebe kann das Risotto selbstverständlich auch nur mit einer der beiden Sorten zubereitet werden.

Bei Verträglichkeit:

H: Parmesan über das Risotto hobeln

Polenta mit Pilzen

Für 2 Portionen

Zubereitungszeit: 30 Minuten

Eine Portion enthält:
596 kcal, 2494 kJ, 10 g E, 46 g F, 35 g KH

Zutaten

- 500 ml Haferdrink
- 50 g Butter
- 125 g Polenta
- 300 g gemischte Pilze (z. B. Shiitake, Champignons, Kräuterseitlinge)
- 80 g Kichererbsen (Dose)
- Olivenöl zum Anbraten
- 1 EL Schnittlauchröllchen
- frisch gemahlener weißer Pfeffer (wenn verträglich)

Zubereitung

1 Haferdrink und Butter in einem Topf aufkochen. Die Polenta langsam einrühren und nach Packungsanleitung unter gelegentlichem Rühren leise köcheln lassen.

2 Die Pilze putzen und in Scheiben schneiden, kleine Pilze im Ganzen lassen. Die Kichererbsen in einem Sieb unter fließendem Wasser waschen und abtropfen lassen. Das Öl in einer Pfanne erhitzen und Pilze und Kichererbsen darin anbraten, bis die Pilze etwas braun werden.

3 Polenta in eine Form geben, Pilze und Kichererbsen darübergeben. Schnittlauchröllchen und Pfeffer darüberstreuen.

Bei Verträglichkeit:

L: Haferdrink durch Milch ersetzen

Chicken Nuggets aus dem Ofen

Für 2 Portionen

Zubereitungszeit: ca. 15 Minuten plus 15 Minuten Backzeit

Eine Portion enthält:
512 kcal, 2141 kJ, 50 g E, 33 g F, 22 g KH

Zutaten

400 g Hühnerbrustfilets
3 EL Basilikumpesto ohne Parmesan
2 EL Olivenöl
2 Handvoll ungesüßte Cornflakes

Zubereitung

1 Den Ofen auf 200 °C vorheizen. Hühnerbrustfilets in Stücke schneiden und mit dem Pesto vermischen.

2 Olivenöl auf einem Backblech verteilen und 5 Minuten in den Ofen schieben. Cornflakes in einen Gefrierbeutel füllen, den Beutel schließen und die Cornflakes mit dem Nudelholz zerkleinern. Eine Portion Hähnchenfilet dazugeben, Beutel wieder schließen und gut schütteln, bis alle Stücke mit den Cornflakes umhüllt sind. Wiederholen, bis alle Stücke paniert sind.

3 Die Hähnchenstücke auf dem vorgeheizten Backblech verteilen, sodass sich die einzelnen Stücke nicht berühren. 10 bis 15 Minuten im Ofen goldbraun backen.

Bei Verträglichkeit:

H: Pesto mit Parmesan oder rotes Tomatenpesto verwenden

Rösti

Für 2 Portionen

Zubereitungszeit: 40 Minuten

Eine Portion enthält:
315 kcal, 1320 kJ, 5 g E, 15 g F, 39 g KH

Zutaten

500 g festkochende Kartoffeln
1 Prise Salz
2 EL Butterschmalz

Zubereitung

1 Kartoffeln schälen, grob reiben und salzen. 10 Minuten ziehen lassen, dann leicht ausdrücken. Die Masse sollte feucht, aber nicht zu wässrig sein. Den Backofen auf 80 °C vorheizen.

2 1 EL Butterschmalz in einer kleinen Pfanne erhitzen, die Hälfte der Kartoffelmasse darin verteilen und mit dem Pfannenwender leicht festdrücken. Mit geschlossenem Deckel ca. 10 Minuten bei mittlerer Hitze braten, dann vorsichtig wenden und weitere 5 bis 10 Minuten braten.

3 Das zweite Rösti auf dieselbe Art zubereiten. Die fertigen Rösti bis zum Servieren bei 80 °C im Backofen warm halten.

TIPP

Die Rösti passen als Beilage zu Fleisch- und Gemüsegerichten.

Hähnchenbrust mit Gemüse

Für 2 Portionen

Zubereitungszeit: 25 Minuten

Eine Portion enthält:

467 kcal, 1955 kJ, 65 g E, 10 g F, 28 g KH

Zutaten

400 g grüne Bohnen
2 Möhren
Salz
450 g Hähnchenbrustfilet
frisch gemahlener weißer Pfeffer (wenn verträglich)
1 EL Sesamöl
2 TL EL edelsüßes Paprikapulver
1 TL gemahlene Kurkuma
½ TL gemahlener Ingwer

Zubereitung

1 Bohnen waschen und in mundgerechte Stücke schneiden. Möhren schälen und ebenfalls in Stücke schneiden. Bohnen und Möhren zusammen in Salzwasser garen.

2 In der Zwischenzeit die Hähnchenbrustfilets in Streifen schneiden. Mit Salz und Pfeffer würzen. Das Sesamöl in einer beschichteten Pfanne erhitzen und das Hähnchenfleisch darin nur so lange braten, bis es goldbraun ist, danach überschüssiges Fett abtupfen.

3 Bohnen und die Möhren zugeben, mit Paprikapulver, Kurkuma, Ingwer, Salz und Pfeffer würzen.

TIPP

Dazu passen Kartoffeln oder Reis.

Bei Verträglichkeit:

H: Paprikapulver, Kurkuma und Ingwer durch Curry ersetzen

Low-Carb-Spaghetti mit Paprikasauce

Für 2 Portionen

Zubereitungszeit: 20 Minuten

Eine Portion enthält:
233 kcal, 973 kJ, 5 g E, 17 g F, 16 g KH

Zutaten

300 g Konjac-Spaghetti (glutenfreie Nudeln)
Salz
2 rote Paprika
½ Zwiebel
1 EL Olivenöl
1½ EL Paprikamark
100 g Hafer-Cuisine
frisch gemahlener weißer Pfeffer (wenn verträglich)
1 Prise Chilipulver

Zubereitung

1 Spaghetti in kochendem Salzwasser nach Packungsanleitung bissfest garen. Dann abgießen und abtropfen lassen, dabei das Kochwasser auffangen.

2 In der Zwischenzeit Paprika halbieren, waschen, Samen und Scheidewände entfernen und das Fruchtfleisch klein schneiden. Zwiebel schälen und fein würfeln.

3 Öl in einer Pfanne erhitzen und Paprika und Zwiebel darin 5 Minuten bei mittlerer Hitze andünsten. Paprikamark und Hafer-Cuisine zugeben, kurz aufkochen lassen und mit Salz, Pfeffer und Chili kräftig abschmecken.

4 Spaghetti mit Paprikasauce in der Pfanne mischen und bei Bedarf etwas Kochwasser zugeben.

Bei Verträglichkeit:

G: Konjac-Spaghetti durch herkömmliche Spaghetti ersetzen
H: 1 durchgedrückte Knoblauchzehe mitkochen
L: Hafer-Cuisine durch Sahne ersetzen

Würzige Frikadellen mit Kartoffelpüree

Für 2 Portionen

Zubereitungszeit: 20 Minuten

Eine Portion enthält:
1035 kcal, 4325 kJ, 50 g E, 62 g F, 66 g KH

Zutaten

Für die Frikadellen:
450 g frisch durchgedrehtes gemischtes Hackfleisch
1 Ei
1 TL Salz
¼ TL gemahlener Kümmel
½ TL Paprikapulver
1 TL gehackte Petersilie
1 weiße Zwiebel
2 EL Rapsöl

Für das Kartoffelpüree:
750 g mehligkochende Kartoffeln
175 ml Hafer-Cuisine
1 Prise Salz
1 Msp. frisch geriebene Muskatnuss

Zubereitung

1 Kartoffeln schälen und in einem Topf mit reichlich Salzwasser etwa 20 Minuten kochen, bis sie gar sind.

2 In der Zwischenzeit Hackfleisch, Ei, Gewürze und Petersilie in eine Schüssel geben. Die Zwiebel schälen, fein würfeln und dazugeben. Alles gründlich mit den Händen vermengen. Dann aus der Masse mittelgroße Kugeln formen und flach drücken. Eine Pfanne mit dem Öl stark erhitzen und die Frikadellen auf einer Seite einige Minuten scharf anbraten, dann wenden und nochmals scharf anbraten. Temperatur auf mittlere bis schwache Hitze reduzieren und Frikadellen ca. 15 Minuten weiter garen.

3 In der Zwischenzeit das Wasser von den Kartoffeln abgießen und die Kartoffeln mit kaltem Wasser abschrecken. Kartoffeln wieder in den Topf geben, Hafer-Cuisine, Salz und Muskat zugeben und durch die Kartoffelpresse geben oder mit dem Kartoffelstampfer zerstampfen. Kartoffelbrei zu den Frikadellen servieren.

Bei Verträglichkeit:

H: 1 TL Senf in die Hackmasse geben (bei wenig schwerer Laktoseintoleranz oft verträglich)

L: Hafer-Cuisine durch Sahne ersetzen

Fischfrikadellen

2 Portionen

Zubereitungszeit: 30 Minuten plus Auftauzeit

Eine Portion enthält:

317 kcal, 1326 kJ, 33 g E, 20 g F, 1 g KH

Zutaten

- 300 g TK-Fischfilet (z. B. Lachs, Pangasius, Barsch)
- 1 Schalotte
- 3 Stängel Koriander
- 2 Stängel Dill
- 1 Ei
- Salz
- frisch gemahlener weißer Pfeffer (wenn verträglich)
- 1 EL Butter
- 1 EL Olivenöl

Zubereitung

1 Fischfilets im Kühlschrank auftauen. Dann mit einem Messer grob hacken. Schalotte schälen und fein würfeln, Kräuter waschen, trocken schütteln und fein hacken.

2 Fisch, Schalotte, Kräuter und Ei in einer Schüssel vermischen. Mit Salz und Pfeffer würzen und durchkneten. Mit den Händen Frikadellen aus der Fischmischung formen.

3 Öl in der Pfanne erhitzen und Frikadellen 2 bis 3 Minuten von jeder Seite braten. Dann die Butter in die Pfanne geben und Fischfrikadellen nochmals auf jeder Seite etwa 2 Minuten braten.

TIPP

Dazu passt eine Wildreismischung oder Kartoffelpüree (Seite 126) und Feldsalat.

Bei Verträglichkeit:

H: ½ EL frisch gepressten Zitronensaft und ½ TL geriebenen Ingwer in die Fischmasse geben

Gefüllte Zucchini

Für 2 Portionen

Zubereitungszeit: 55 Minuten

Eine Portion enthält:
477 kcal, 1996 kJ, 19 g E, 14 g F, 67 g KH

Zutaten

- 150 g Quinoa
- 2 große Zucchini
- ½ rote Paprika
- ½ grüne Paprika
- 1 Handvoll Petersilie
- 3–4 Physalis
- 1 EL Apfelessig
- 1 EL Olivenöl
- Salz
- 1 TL Reissirup

Zubereitung

1 Quinoa mit 375 ml Wasser in einem Topf aufsetzen und aufkochen. Die Temperatur reduzieren und Quinoa 15 Minuten köcheln lassen, dann noch auf dem abgeschalteten Herd nachquellen lassen. Den Backofen auf 200 °C Umluft vorheizen und ein Backblech mit Backpapier auslegen.

2 Zucchini waschen, längs halbieren und mit einem Löffel aushöhlen. Samen und Scheidewände von den Paprika entfernen, das Fruchtfleisch waschen und würfeln. Petersilie waschen, trocken schütteln und hacken. Physalis waschen und in Scheiben schneiden.

3 Paprika, Petersilie, Physalis, Apfelessig, Olivenöl und etwas Salz mit der Quinoa vermischen. Die Mischung in die ausgehöhlten Zucchinihälften füllen.

4 Auf das vorbereitete Backblech setzen, mit Alufolie abdecken und 30 Minuten im vorgeheizten Ofen backen. Folie abnehmen und weitere 5 bis 10 Minuten backen.

TIPP

Die Quinoa kann schon am Vorabend gekocht werden. Wer möchte, bröselt vor dem Backen noch 100 g Feta (nach Bedarf laktosefrei) darüber.

Bei Verträglichkeit:

H: Mit 1 Prise gemahlener Chili abschmecken

Rotkohl-Lamm-Burger

Für 2 Burger

Zubereitungszeit: 40 Minuten plus Ruhezeit über Nacht

Eine Portion enthält:
591 kcal, 2474 kJ, 30 g E, 35 g F, 38 g KH

Zutaten

Für das Kraut:
200 g Rotkraut
½ EL Reissirup
1 Prise Piment
1 Lorbeerblatt
Salz
50 ml Apfelessig
50 ml Rhabarbersaft
Olivenöl

Für die Patties:
225 g frisch durchgedrehtes Lammfleisch
etwas frisch gemahlener weißer Pfeffer (wenn verträglich)
Salz
fein gehackte Petersilie
Butterschmalz zum Braten

Außerdem:
2 Burgerbrötchen (S. 145)
Butterschmalz für die Brötchen
Salz
1 Kästchen Kresse

TIPP

Wer es gerne etwas süß mag, gibt noch Preiselbeeren auf das Rotkraut.

Zubereitung

1 Das Rotkraut waschen und in feine Streifen hobeln oder schneiden.

2 Alle anderen Zutaten (bis auf das Öl) in einen Topf geben, aufkochen und bei schwacher bis mittlere Hitze auf die Hälfte einkochen. Den Kochsud abgießen und auffangen, etwas Olivenöl unterrühren und über das Rotkraut gießen. Mit den Händen einarbeiten und über Nacht in den Kühlschrank stellen.

3 Am nächsten Tag das Fleisch mit Pfeffer, Salz und Petersilie vermischen. Zwei Patties daraus formen und in einer Pfanne im heißen Butterschmalz beidseitig goldbraun braten. Die Brötchen aufschneiden, mit etwas Butterschmalz bestreichen und etwas Salz daraufgeben. Mit den Schnittflächen in die Pfanne geben und goldgelb anbraten.

4 Die Patties auf die Unterseiten der Brötchen legen, das Rotkraut darauf verteilen und etwas Kresse darüberstreuen. Den Brötchendeckel aufsetzen.

Bei Verträglichkeit:

F: Im Rotkraut Rhabarbersaft durch Apfel- oder Orangensaft ersetzen

H: Die Innenseiten der Brötchen nach dem Backen in der Pfanne mit etwas grobem Senf bestreichen

Kürbistarte ohne Boden

Für 1 Tarte

Zubereitungszeit: 20 Minuten plus 35 Minuten Backzeit

Eine Portion enthält:

749 kcal, 3136 kJ, 24 g E, 46 g F, 62 g KH

Zutaten

- 1 kg Muskatkürbis (geschält und geputzt gewogen)
- 1 weiße Zwiebel
- Olivenöl zum Braten
- 1 TL getrockneter Thymian
- 6 EL Reissirup
- Salz
- frisch gemahlener weißer Pfeffer (wenn verträglich)
- 200 g laktosefreier Feta
- 24 Pistazien
- Außerdem:
- Tarteform (Ø 28 cm)

Zubereitung

1 Den Backofen auf 200 °C vorheizen. Den Kürbis waschen und in feine Scheiben schneiden. Die Zwiebel schälen und in feine Ringe schneiden.

2 In einer großen Pfanne etwas Öl erhitzen und die Kürbisscheiben mit den Zwiebeln und dem Thymian darin ca. 5 Minuten dünsten. Wenden, 2 bis 3 EL Reissirup dazugeben und weitere 5 Minuten dünsten.

3 Eine Tarteform mit etwas Olivenöl und 1 EL Reissirup ausstreichen. Die Kürbisscheiben und die Zwiebeln ohne die Flüssigkeit dicht darauflegen und flach drücken. Mit Salz und Pfeffer würzen und mit 1 weiteren EL Reissirup beträufeln.

4 Die Tarte 30 Minuten backen. Dann vorsichtig herausnehmen und eventuell entstandene Flüssigkeit abgießen. Den Feta in 12 Stücke schneiden und gleichmäßig auf der Tarte verteilen. Auf jedes Stück 2 Pistazien legen. Wieder mit Reissirup beträufeln und mit Pfeffer bestreuen. Im Ofen wenige Minuten gratinieren, bis der Feta goldbraun ist.

Bei Verträglichkeit:

F: Reissirup durch Ahornsirup ersetzen

H: Pistazien durch Walnusshälften ersetzen

L: Laktosefreien Feta durch herkömmlichen Feta ersetzen

Schnitzel mit Mandelpanade

Für 2 Portionen

Zubereitungszeit: 20 Minuten

Eine Portion enthält:
592 kcal, 2479 kJ, 48 g E, 41 g F, 8 g KH

Zutaten

1 Ei
frisch gemahlener weißer Pfeffer (wenn verträglich)
1 Prise Salz
3 EL gemahlene Mandeln
2 EL Flohsamenschalen
einige Petersilienstängel
1 EL glutenfreies Mehl
2 Schweine- oder Kalbsschnitzel (à 150–200 g)
Rapsöl zum Braten

Zubereitung

1 Das Ei in einem tiefen Teller mit Pfeffer und Salz verquirlen. Die Petersilie fein hacken. Gemahlene Mandeln, Flohsamenschalen und fein gehackte Petersilie in einem zweiten Teller gut vermengen. In einen dritten Teller etwas Mehl geben.

2 Die Schnitzel mit dem Fleischklopfer auf etwa die doppelte Größe klopfen. Zuerst im Mehl, dann im Ei wenden, und anschließend von beiden Seiten in der Mandelmischung panieren.

3 Das Öl in einer Pfanne erhitzen und die Schnitzel etwa 3 Minuten von beiden Seiten goldbraun braten.

TIPP

Dazu passt Feldsalat und Kartoffelpüree (Seite 126) oder Kartoffelsalat (Seite 90).

Bei Verträglichkeit:

G: Glutenfreies Mehl durch Weizen- oder Dinkelmehl ersetzen

Gnocchi mit Salbeibutter

Für 2 Portionen

Zubereitungszeit: 1 Stunde

Eine Portion enthält:
487 kcal, 2041 kJ, 3 g E, 42 g F, 26 g KH

Zutaten

Für die Gnocchi:
250 g festkochende Kartoffeln (keine neuen Kartoffeln)
Salz
1 EL Kartoffelstärke plus etwas für das Küchenbrett
frisch geriebene Muskatnuss
frisch gemahlener weißer Pfeffer (wenn verträglich)
Für die Salbeibutter:
100 g Butter
8 frische Salbeiblätter
60 einige Würfel würziger Hartkäse

Zubereitung

1 Die Kartoffeln unter fließendem Wasser gründlich bürsten und in Salzwasser 25 bis 30 Minuten weich garen. Abgießen, noch heiß pellen und portionsweise durch die Kartoffelpresse drücken oder mit dem Kartoffelstampfer fein zerdrücken. Zwischendurch immer wieder etwas Stärke darüber sieben. Muskat, Pfeffer und 1 TL Salz zugeben und die Masse kurz mit einem Spatel vermischen, aber nicht kneten.

2 Die Teigstücke auf einem mit Stärke bestäubten Brett zu fingerdicken Strängen rollen. In etwa 2 cm lange Stücke schneiden und auf dem Küchenbrett einige Minuten trocknen lassen oder auf ein Tuch legen.

3 In der Zwischenzeit die Butter bei schwacher Hitze erhitzen. Dann die Salbeiblätter im Ganzen zufügen und in der schäumenden Butter etwa 30 Sekunden knusprig braten.

4 Reichlich Salzwasser zum Kochen bringen. Die Hitze reduzieren und die Gnocchi darin maximal 1 bis 2 Minuten ziehen lassen, bis sie nach oben steigen. Dann sofort mit einem Sieblöffel herausheben. Die Buttermischung über die warmen Gnocchi geben. Mit den Käsewürfeln dekorieren.

Bei Verträglichkeit:

H: Etwas geriebenen Parmesan in die Butter rühren und die Gnocchi mit reichlich Parmesan bestreuen. Butter mit 1 durchgepressten Knoblauchzehe 1 Minute erhitzen, bevor der Salbei dazukommt.

KUCHEN UND GEBÄCK

Mandel-Macadamia-Brot

Für 1 Brot, 20 Scheiben

Zubereitungszeit: 15 Minuten plus 45 Minuten Backzeit

Eine Scheibe enthält:
146 kcal, 611 kJ, 5 g E, 13 g F, 5 g KH

Zutaten

4 EL Kokosöl plus evtl. etwas für die Form
60 g Mandeln
150 g Mandelmehl
50 g gemahlene Macadamianüsse
6 EL Pfeilwurzelmehl
4 EL fein gemahlener Leinsamen
2 EL Tapiokastärke
½ TL Salz
¾ TL Natron
4 Eier (Größe L)
125 ml Kokosmilch
2 EL Reissirup
1½ TL roter Johannisbeersaft
Außerdem:
Kastenform (30 cm)

Zubereitung

1 Den Backofen auf 175 °C vorheizen. Eine Brotbackform mit etwas Kokosöl einfetten oder mit Backpapier auslegen. Die Mandeln grob hacken.

2 Mandelmehl, gemahlene Macadamianüsse, Pfeilwurzelmehl, gemahlenen Leinsamen, gehackte Mandeln, Tapiokastärke, Salz und Natron in einer großen Schüssel vermengen.

3 In einer kleineren Schüssel die 4 EL Öl, Eier, Kokosmilch, Reissirup und Johannisbeersaft verquirlen.

4 Die feuchten Zutaten kurz in die trockenen rühren, dabei den Teig nicht zu lange rühren, da er sonst zäh wird.

5 Teig in die Kastenform füllen und im vorgeheizten Ofen 40 bis 45 Minuten backen. Stäbchenprobe machen und nach Bedarf noch etwas länger backen.

Leinsamenbrot

Für 1 Brot, 20 Scheiben

Zubereitungszeit: 20 Minuten plus 30 Minuten Backzeit und 15 Minuten Abkühlzeit

Eine Scheibe enthält:
149 kcal, 624 kJ, 6 g E, 13 g F, 2 g KH

Zutaten

300 g fein geschroteter Leinsamen
1 TL Backpulver
1 TL Salz
5 Eiweiß
2 Eier (Größe M)
6 EL Olivenöl
Außerdem:
Kastenform (30 cm)

Zubereitung

1 Den Ofen auf 200 °C vorheizen und eine Kastenform mit Backpapier auslegen. Leinsamen, Backpulver und Salz mischen.

2 Eiweiße und Eier in einer großen Schüssel mit dem Handrührgerät mindestens 5 Minuten sehr cremig rühren. Dann zuerst 125 ml kaltes Wasser, anschließend Leinsamen portionsweise sowie das Olivenöl unterrühren. In die Kastenform geben, glatt streichen und im vorgeheizten Ofen 30 Minuten backen.

3 Brot 15 Minuten in der Form abkühlen lassen, erst dann aus der Form stürzen.

TIPP

Mit fünf Eiweiß und zwei ganzen Eiern ist dieses Brot sehr eiweißreich – es sättigt daher gut und anhaltend und ist sogar im Rahmen einer Low-Carb-Ernährung geeignet.

Maniok-Brot

Für 1 Brot, 20 Scheiben

Zubereitungszeit: 20 Minuten plus 2 Stunden Gehzeit und 50 Minuten Backzeit

Eine Scheibe enthält:
137 kcal, 575 kJ, 2 g Eiweiß, 3 g Fett, 26 g KH

Zutaten

2 Tütchen Trockenhefe
2 TL Reissirup
460–500 g Maniokmehl
65 g Speisestärke
3 EL gemahlene Flohsamenschalen
1 EL Salz
3 Eier (Größe L)
2 EL Olivenöl

Außerdem:
Ofenfester Topf (Ø 28 cm)

Zubereitung

1 Hefe mit 475 ml lauwarmem Wasser und Reissirup in einer Schüssel verrühren und 15 Minuten gehen lassen. 160 g des Maniokmehls, Speisestärke, Flohsamenschalen und Salz vermengen, zur Hefemischung geben und verrühren. Eier und Öl dazugeben und glatt rühren.

2 Restliches Mehl in den Teig kneten, zu einem Laib formen, auf ein mit Backpapier belegtes Blech legen, mit einem Tuch bedecken und 2 Stunden gehen lassen.

3 Einen ofenfesten Topf in den Ofen stellen und den Ofen auf 230 °C vorheizen.

4 Das Brot mit einem Messer an der Oberfläche leicht einschneiden. Den vorgeheizten Topf über den Laib stülpen und das Brot im vorgeheizten Ofen 25 Minuten backen. Dann den Topf herunternehmen und das Brot noch weitere 25 Minuten backen.

Reis-Hirse-Brot

Für 1 Brot, 20 Scheiben

Zubereitungszeit: 20 Minuten plus 40 Minuten Gehzeit und 1 Stunde Backzeit

Eine Scheibe enthält:
90 kcal, 377 kJ, 3 g E, 1 g F, 18 g KH

Zutaten

- 200 g Vollkornreis
- 150 g Hirse
- 150 g Buchweizen
- 1 EL Flohsamenschalen
- 1 Würfel Hefe (42 g)
- 1 TL Reissirup
- 1 TL Salz
- 1 TL Apfelessig
- Fett für die Form

Außerdem:

- Kastenform (30 cm)
- Getreidemühle

Zubereitung

1 Reis, Hirse und Buchweizen zusammen mit den Flohsamenschalen fein mahlen. Die Hefe zerbröseln, mit dem Reissirup und 50 ml lauwarmem Wasser mischen und 10 Minuten stehen lassen, bis sich Blasen bilden. Dann die aufgelöste Hefe mit allen Zutaten und ca. 350 ml Wasser zu einem Teig verkneten. Der Teig ist relativ flüssig.

2 Eine Kastenform einfetten, den Teig hineingeben und glatt streichen, längs einschneiden und etwa 30 Minuten gehen lassen. Dann in die Mitte des kalten Backofens stellen, den Backofen auf 250 °C heizen und das Brot ca. 30 Minuten backen. Anschließend die Temperatur auf 200 °C reduzieren und das Brot weitere 30 Minuten goldbraun backen. Wenn es droht, zu dunkel zu werden, mit Alufolie abdecken.

Bei Verträglichkeit:

H: Reissirup durch Honig ersetzen

Hafer-Nuss-Brot

Für 1 Brot, 20 Scheiben

Zubereitungszeit: 15 Minuten plus 2 Stunden Ruhezeit und 50 Minuten Backzeit

Eine Scheibe enthält:
129 kcal, 707 kJ, 8 g E, 12 g F, 12 g KH

Zutaten

130 g Kürbiskerne
90 g geschrotete Leinsamen
60 g Macadamianüsse oder Mandeln
150 g grobe Haferflocken
2 EL Chiasamen
4 EL Flohsamenschalen
1 TL Salz
3 EL Kokosöl
1 TL Reissirup
Fett für die Form

Außerdem:
Kastenform (30 cm)

Zubereitung

1 Alle trockenen Zutaten in einer Schüssel vermischen. Das Kokosöl in 350 ml lauwarmem Wasser schmelzen lassen, darin den Reissirup einrühren. Zu den trockenen Zutaten in die Schüssel geben und alles sehr gut vermischen. Die Masse in eine gefettete Kastenform füllen, glatt streichen und etwa 2 Stunden ruhen lassen, bis der Teig ganz fest ist.

2 Den Backofen auf 180 °C vorheizen und das Brot 20 Minuten backen. Herausnehmen, kurz abkühlen lassen und aus der Form stürzen. Nun noch einmal ohne Form in den Ofen schieben und weitere 20 bis 30 Minuten backen, bis das Brot etwas gebräunt ist. Aus dem Ofen nehmen und ganz abkühlen lassen.

Bei Verträglichkeit:

F: Statt Reissirup Honig verwenden

Mandel-Eiweiß-Brötchen

Für 8 Brötchen

Zubereitungszeit: 20 Minuten plus 50 Minuten Backzeit

Ein Brötchen enthält:

244 kcal, 1012 kJ, 10 g E, 21 g F, 3 g KH

Zutaten

50 g gemahlene Flohsamenschalen
320 g blanchierte gemahlene Mandeln
1 Pck. Backpulver
2 TL Salz
6 Eiweiß

Zubereitung

1 Den Ofen auf 190 °C vorheizen. Flohsamenschalen, Mandeln, Backpulver und Salz in einer Schüssel gut vermischen. Die Eiweiße dazugeben und unterrühren. Anschließend 150 ml heißes Wasser einrühren.

2 Aus dem Teig acht Brötchen formen, auf einem mit Backpapier belegten Blech verteilen und 40 bis 50 Minuten im vorgeheizten Ofen backen.

Buchweizen-Schnittlauch-Brötchen

Für 6 Brötchen

Zubereitungszeit: 15 Minuten plus 30 Minuten Backzeit

Ein Brötchen enthält:

152 kcal, 636 kJ, 2 g E, 0 g F, 34 g KH

Zutaten

250 g Buchweizenmehl
½ Pck. Backpulver
1 TL Guarkernmehl
½ TL Salz
½ Bund Schnittlauch
250 ml kohlensäurehaltiges Mineralwasser

Zubereitung

1 Buchweizenmehl, Backpulver, Guarkernmehl und Salz in einer Schüssel gut vermischen. Schnittlauch waschen, trocken schütteln und in Röllchen schneiden. Nach und nach zusammen mit dem Mineralwasser mit den Knethaken des Handrührgeräts oder in der Küchenmaschine unterrühren.

2 Den Ofen auf 200 °C vorheizen. Aus dem Teig mit zwei Esslöffeln sechs Bällchen abnehmen und auf ein mit Backpapier belegtes Backblech setzen. 25 bis 30 Minuten im vorgeheizten Ofen backen.

TIPP

Die Teigportionen können auch in Muffinformen gebacken werden.

Leinsamenmehl-Brötchen

Für 8 Stück

Zubereitungszeit: 20 Minuten plus 50 Minuten Backzeit

Ein Brötchen enthält:
75 kcal, 316 kJ, 6 g E, 5 g F, 2 g KH

Zutaten

100 g Leinsamenmehl
80 g Kokosmehl
35 g gemahlene Flohsamenschalen
4 Eiweiß
1 TL Salz
2 TL Backpulver

Zubereitung

1 Den Ofen auf 200 °C vorheizen und ein Backblech mit Backpapier belegen. Leinsamenmehl, Kokosmehl und Flohsamenschalen in einer Schüssel gut vermischen. 220 ml Wasser aufkochen und kurz abkühlen lassen.

2 Die Eiweiße unter die trockenen Zutaten heben. Anschließend das kochende Wasser nach und nach hinzufügen. Evtl. noch etwas mehr Wasser verwenden, damit der Teig nicht zu fest wird.

3 Sechs bis acht Brötchen aus der Masse formen, auf das Blech legen und im vorgeheizten Ofen 45 bis 50 Minuten backen. Abkühlen lassen.

TIPP

Die Brötchen schmecken auch getoastet sehr gut.

Burgerbrötchen

Für 4 Brötchen

Zubereitungszeit: 20 Minuten plus 1 Stunde Backzeit

Ein Brötchen enthält:
278 kcal, 1149 kJ, 13 g E, 20 g F, 11 g KH

Zutaten

30 g gemahlene Mandeln
120 g entöltes Mandelmehl
20 g gemahlene Flohsamenschalen
2 TL Backpulver
1 TL Salz
4 Eiweiß
3 EL Maniokmehl
Sesam zum Bestreuen

Zubereitung

1 Den Backofen auf 170 °C vorheizen. Gemahlene Mandeln, Mandelmehl, Flohsamenschalen, Backpulver und Salz in einer Schüssel verrühren. 3 Eiweiße mit den trockenen Zutaten vermischen. 250 ml Wasser aufkochen und langsam einrühren.

2 2–3 EL Maniokmehl unterrühren, bis der Teig etwas Konsistenz bekommt (er bleibt aber sehr flüssig und klebrig).

3 Den Teig zu Brötchen formen und auf ein mit Backpapier ausgelegtes Backblech geben. Mit dem restlichen Eiweiß bepinseln. Mit Sesam bestreuen und 50 bis 60 Minuten im vorgeheizten Ofen backen.

Quinoa-Mais-Muffins

Für 10 Stück

Zubereitungszeit: 45 Minuten

Ein Muffin enthält:
207 kcal, 684 kJ, 4 g E, 8 g F, 19 g KH

Zutaten

190 g Quinoa
3 EL Chiasamen
155 g Polenta (Maisgrieß)
35 g feines Maismehl
10 g Backpulver
½ TL Natron
1 TL Salz
215 ml Mandeldrink
50 ml Olivenöl
1 EL Reissirup
1 Handvoll fein gehackter Koriander
1 Prise Chilipulver

Außerdem
Muffinblech
10 Papier-Muffinförmchen

Zubereitung

1 Quinoa mit 475 ml Wasser in einen Topf geben, aufkochen und bei geringer bis mittlerer Hitze etwa 15 Minuten köcheln lassen, bis die Flüssigkeit aufgenommen ist. Vom Herd nehmen, 5 bis 10 Minuten nachquellen und abkühlen lassen.

2 In der Zwischenzeit die Chiasamen mit 120 ml Wasser verrühren und etwa 10 Minuten quellen lassen. Den Backofen auf 200 °C Umluft vorheizen und ein Muffinblech mit zehn Papier-Muffinförmchen auslegen.

3 Polenta, Maismehl, Backpulver, Natron und Salz in eine Schüssel geben, die abgekühlte gegarte Quinoa zufügen und alles vermengen. Mandeldrink, Olivenöl, Reissirup, Koriander und Chilipulver in eine zweite Schüssel geben und gut vermischen. Die flüssige Zutatenmischung zur trockenen Maismehlmischung geben und gut verrühren.

4 Den Teig in die vorbereitete Muffinform füllen und im vorgeheizten Ofen etwa 25 Minuten backen, bis die Oberfläche der Muffins knusprig ist. Nach der Backzeit zur Garprobe einen Holzspieß in einen Muffin stechen. Wenn kein Teig daran kleben bleibt, sind die Muffins fertig.

5 Aus dem Ofen nehmen, die Muffins aus der Form lösen und auf einem Kuchengitter vollständig auskühlen lassen.

TIPP

Statt Chiasamen eignen sich auch gemahlene Leinsamen.

Bei Verträglichkeit:

F: Reissirup durch Ahornsirup ersetzen
L: Mandeldrink durch Milch ersetzen

Müsliriegel auf Vorrat

Für 12 Stück

Zubereitungszeit: 10 Minuten plus 15 Minuten Backzeit

Ein Riegel enthält:
109 kcal, 457 kJ, 3 g E, 6 g F, 12 g KH

Zutaten

- 100 g Haferflocken
- 50 g gemahlene Mandeln
- 1 EL Sesam
- 1 EL Leinsamen
- 2 EL Kokosraspel
- 90 g Reissirup
- 1 EL Sonnenblumenöl

Zubereitung

1 Den Backofen auf 200 °C vorheizen. Haferflocken, Mandeln, Sesam, Leinsamen und Kokosraspel in einer Schüssel miteinander vermischen. Reissirup und Öl in einem Topf erhitzen, dann mit der Körnermischung gut verrühren. Nach Bedarf 1 EL warmes Wasser zugeben, dann lässt es sich besser verrühren.

2 Masse auf ein mit Backpapier belegtes Backblech streichen und fest andrücken, dann im vorgeheizten Ofen ca. 15 Minuten backen. Aus dem Ofen nehmen, mit einem Messer in zwölf Stücke schneiden und abkühlen lassen.

Bei Verträglichkeit:

F/H: Reissirup durch Ahornsirup oder Honig ersetzen

Süße Waffeln

Für 8 Waffeln

Zubereitungszeit: 30 Minuten

Eine Portion enthält:
269 kcal, 1124 kJ, 5 g E, 8 g F, 42 g KH

Zutaten

- 50 g zimmerwarme Butter
- 200 ml Haferdrink
- 3 Eier
- 100 g Reismehl
- 100 g Mais- oder Hirsemehl
- 100 g Speisestärke
- 6 g fein gemahlene Flohsamenschalen
- 60 g Zucker
- 20 g Traubenzucker
- 1 Pck. Vanillezucker
- 3 gestr. TL Backpulver
- 1 Prise Salz

Zubereitung

1 Alle Zutaten mit dem Handrührgerät gründlich verrühren. Dann den Teig 10 Minuten quellen lassen.

2 In der Zeit das Waffeleisen vorheizen, nach Bedarf fetten und nach und nach acht Waffeln backen.

Bei Verträglichkeit:

F: Traubenzucker durch 80 g Zucker ersetzen

L: Haferdrink durch Milch ersetzen

Haferflocken-Brötchen

Für 8 Brötchen

Zubereitungszeit: 15 Minuten plus 30 Minuten Gehzeit und 25 Minuten Backzeit

Ein Brötchen enthält:
132 kcal, 557 kJ, 6 g E, 3 g F, 20 g KH

Zutaten

125 g feine Haferflocken plus etwas zum Wälzen
125 g kernige Haferflocken
250 g laktosefreier Joghurt
90 ml kohlensäurehaltiges Mineralwasser, evtl. etwas mehr
¾ Würfel Hefe (ca. 15 g)
1 Prise Salz

Zubereitung

1 Haferflocken mit dem Joghurt vermischen, Mineralwasser kurz unterheben und 15 Minuten quellen lassen.

2 Hefe und Salz in 2 EL kaltem Wasser verrühren, zur Haferflockenmasse geben und gut verrühren. Wenn der Teil zu bröckelig ist, noch etwas Mineralwasser zugeben. Den Teig in acht Teile teilen und mit feuchten Händen Brötchen daraus formen. Dann mit etwas Wasser besprühen und in Haferflocken wälzen.

3 Auf einem mit Backpapier belegten Backblech verteilen und mit einem sauberen Geschirrtuch bedeckt etwa 30 Minuten gehen lassen.

4 Dann den Backofen auf 220 °C (200 °C Umluft) vorheizen. Brötchen im vorgeheizten Ofen etwa 25 Minuten goldbraun backen.

TIPP

Die Brötchen lassen sich gut ein bis zwei Tage aufbewahren und einfrieren.

Bei Verträglichkeit:

L: Herkömmlichen Joghurt oder Magerquark verwenden, dann die Wassermenge auf 120 ml erhöhen

NACHSPEISEN

Kokos-Milchreis

Für 2 Portionen

Zubereitungszeit: 45 Minuten

Eine Portion enthält:

153 kcal, 639 kJ, 3 g E, 1 g F, 34 g KH

Zutaten

Für den Kokosreis:

100 ml Haferdrink, evtl. etwas mehr
125 ml Kokosmilch
1 Msp. Salz
1 EL Reissirup
60 g Milchreis

Für das Fruchtpüree:

3 Kakis
½ EL Reissirup
Kokosraspel

Zubereitung

1 Haferdrink und Kokosmilch in einen Topf geben. Salz und Reissirup zufügen und alles unter gelegentlichem Rühren zum Kochen bringen. Den Milchreis in die kochende Flüssigkeit geben und unter Rühren kurz aufkochen. Temperatur auf die niedrigste Stufe zurückschalten. Den Topf mit einem Deckel schließen und den Milchreis 30 bis 35 Minuten quellen lassen. Gelegentlich umrühren. Nach Bedarf noch ein wenig Haferdrink zufügen.

2 In der Zwischenzeit die Kakis putzen, mit kochendem Wasser überbrühen, abschrecken, häuten und mit dem Reissirup fein pürieren.

3 Den Milchreis abkühlen lassen und zusammen mit dem Kakipüree abwechselnd in Dessertgläser schichten.

4 Die Kokosraspel in einer beschichteten Pfanne goldbraun anrösten. Herausnehmen, abkühlen lassen, dann auf das Dessert geben.

Bei Verträglichkeit:

F: Reissirup durch Honig ersetzen
H: Fruchtpüree mit Zitronensaft abschmecken
L: Haferdrink durch herkömmliche Milch ersetzen

Milchreis mit Rhabarberkompott

Für 2 Portionen

Zubereitungszeit: 40 Minuten

Eine Portion enthält:
346 kcal, 1448 kJ, 6 g E, 4 g F, 72 g KH

Zutaten

Für den Milchreis:
1 Vanilleschote
500 ml Mandeldrink
125 g Milchreis
30 g Traubenzucker
1 EL Vanillezucker

Für den Rhabarber:
350 g Rhabarber
1 EL Traubenzucker

Zubereitung

1 Die Vanilleschote längs aufschneiden und das Mark herauskratzen. Schote mit Mark, Mandeldrink, Milchreis, Zucker und Vanillezucker in einem Topf bei mittlerer Hitze aufkochen. Sobald der Mandeldrink kocht, die Temperatur reduzieren und den Reis unter gelegentlichem Rühren 25 Minuten kochen.

2 Wenn der Milchreis fast weich ist, den Topf vom Herd nehmen und bei geschlossenem Deckel etwa 5 Minuten quellen lassen. Die Vanilleschote entfernen. Den Backofen auf 180 °C vorheizen.

3 In der Zwischenzeit den Rhabarber waschen, nach Bedarf schälen und in Stücke schneiden. In einer Auflaufform oder auf einem mit Backpapier belegten Backblech verteilen, mit Zucker bestreuen und 15 bis 25 Minuten garen. Warm servieren.

Bei Verträglichkeit:

F: Traubenzucker durch Haushaltszucker ersetzen

L: Mandeldrink durch Milch ersetzen

Leinsamenpudding mit Obst

Für 2 Portionen

Zubereitungszeit: 10 Minuten plus Quellzeit über Nacht

Eine Portion enthält:
101 kcal, 422 kJ, 4 g E, 6 g F, 7 g KH

Zutaten

25 g Leinsamenschrot
300 ml Mandel- oder Haferdrink
1 Pfirsich
4 Physalis
gemahlene Vanille

Zubereitung

1 Leinsamenschrot in einer Schüssel mit dem Mandel- oder Haferdrink verrühren und zugedeckt mindestens 5 Stunden oder über Nacht in den Kühlschrank stellen.

2 Am nächsten Morgen das Obst in Scheiben schneiden. Den Pudding umrühren und in zwei Schälchen füllen. Obst darübergeben und mit Vanille bestäuben.

Bei Verträglichkeit:

F/H/S: Kombinationen aus Birne und Kiwi, Apfel, Banane und Kakaonibs, Himbeeren und Mandelblättchen, gedünsteter, leicht gesüßter Rhabarber und/oder Erdbeeren und Vanille

Quinoa-„Milchreis"

Für 2 Portionen

Zubereitungszeit: 30 Minuten

Eine Portion enthält:
210 kcal, 880 kJ, 7 g E, 5 g F, 35 g KH

Zutaten

100 g Quinoa
300 ml Mandeldrink
1 Msp. Zimt
Granatapfelkerne zum Garnieren

Zubereitung

1 Quinoa in einem Sieb gründlich mit kaltem Wasser abspülen. Mit Mandeldrink und Zimt in einen Topf geben und bei mittlerer Hitze im offenen Topf zum Kochen bringen. Topf mit einem Deckel schließen und Quinoa bei schwacher Hitze ca. 15 Minuten köcheln lassen. Dann vom Herd nehmen und ca. 10 Minuten ausquellen lassen.

2 In zwei Schälchen füllen und mit Granatapfelkernen bestreuen.

TIPP

Dazu passen frische Beeren nach Verträglichkeit, Mandeln und nach Belieben etwas Honig oder Reissirup.

Bei Verträglichkeit:

L: Mandeldrink durch Milch ersetzen

Mangos mit Pistazien-Minz-Pesto

Für 2 Portionen

Zubereitungszeit: 10 Minuten

Eine Portion enthält:
499 kcal, 2087 kJ, 5 g E, 50 g F, 11 g KH

Zutaten

1 EL gehackte Mandeln
5 Minzstängel
3 Thai-Basilikumstängel
30 g Pistazien
4 TL Reissirup
4 Physalis
1 Prise Salz
5 EL Traubenkernöl
2 reife Mangos

Zubereitung

1 Die Mandeln in einer Pfanne ohne Fett goldbraun rösten, bis sie zu duften beginnen, dann auf einem Teller abkühlen lassen. Minze und Basilikum waschen, trocken schütteln und die Blätter abzupfen. Mit Mandeln, Pistazien, Reissirup, Physalis, Salz und Öl in einen Blitzhacker oder Mixer geben und sehr fein mixen.

2 Die Mangos schälen, das Fruchtfleisch vom Stein schneiden und das Fruchtfleisch würfeln. Auf zwei Schälchen verteilen und das Pesto daraufgeben.

Bei Verträglichkeit:

F: Reissirup durch Honig ersetzen

H: Physalis durch 2 EL frisch gepressten Limettensaft ersetzen

Kokos-Papaya-Creme

Für 2 Portionen

Zubereitungszeit: 20 Minuten plus 1 Stunde Abkühlzeit

Eine Portion enthält:

124 kcal, 517 kJ, 1 g E, 3 g F, 21 g KH

Zutaten

80 ml Kokosmilch
½ EL Maisstärke
½ EL Zucker
½ TL Vanillezucker
40 g Heidelbeeren
50 g Mango
40 g Hafer-Cuisine
½ kleine Papaya

Zubereitung

1 Die Kokosmilch gut durchrühren und 1 EL davon mit der Stärke glatt rühren. Den Rest mit dem Zucker und Vanillezucker in einem kleinen Topf aufkochen. Die angerührte Stärke einrühren und 2 bis 3 Minuten cremig einköcheln lassen, dabei stetig umrühren. Anschließend die Creme in eine Schale füllen, mit Frischhaltefolie bedecken und erkalten lassen.

2 In der Zwischenzeit die Heidelbeeren waschen und trocken tupfen. Die Mango in Stückchen schneiden.

3 Die Hafersahne steif schlagen und unter die kalte Kokoscreme heben. Die Papaya schälen und klein würfeln. Etwa zwei Drittel davon pürieren. Die Papayastückchen zusammen mit der Hälfte der Kokoscreme unterheben. Das Papayamus in zwei kleine Gläser füllen und darauf je ein Viertel der Heidelbeeren verteilen. Die übrige Kokoscreme daraufgeben. Die Mangostücke darauf verteilen.

Hirseschmarrn

Für 2 Portionen

Zubereitungszeit: 20 Minuten plus 30 Minuten Backzeit

Eine Portion enthält:
556 kcal, 2333 kJ, 13 g E, 18 g F, 85 g KH

Zutaten

- 2 Eier
- 1 Prise Salz
- Rapsöl zum Braten und für die Form
- 30 g Traubenzucker
- 215 ml Haferdrink
- 110 g Hirsemehl
- 50 g Speisestärke
- etwas Puderzucker

Zubereitung

1 Eier trennen und Eiweiße zusammen mit dem Salz steif schlagen. Backofen auf 150 °C vorheizen. Eine Auflaufform mit etwas Öl fetten.

2 Eigelbe mit 1–2 EL Wasser und dem Traubenzucker mit den Quirlen des Handrührgeräts dickschaumig schlagen. Haferdrink, Hirsemehl und Stärke zufügen und alles zu einem dünnen Teig verrühren. Eischnee unterheben.

3 Das restliche Öl in einer Pfanne erhitzen und den Teig fingerdick einfüllen. Bei mittlerer Hitze backen, bis der Teig nur noch in der Mitte leicht flüssig ist. Den Pfannkuchen vorsichtig wenden und sofort mit zwei Gabeln in mundgerechte Stücke zupfen. Noch weitere 2 Minuten backen.

4 Etwas Puderzucker unterrühren und den Schmarrn in die gefettete Form geben. Im Ofen 30 Minuten backen und mit Puderzucker bestäubt servieren.

Bei Verträglichkeit:

F/H: Eingeweichte Rosinen in den Teig geben
L: Haferdrink durch Milch ersetzen

Pfirsich-Aprikosen-Eis

Für 2 Portionen

Zubereitungszeit: 5 Minuten plus 40 Minuten Gefrierzeit

Eine Portion enthält:
236 kcal, 985 kJ, 2 g E, 13 g F, 24 g KH

Zutaten

100 g Pfirsiche
100 g Aprikosen
35 g Reissirup
200 g Hafer-Cuisine
Außerdem:
Eismaschine

Zubereitung

1 Pfirsiche mit kochendem Wasser überbrühen, nach ca. 30 Sekunden häuten, halbieren, entsteinen und in feine Würfel schneiden. 50 g der Pfirsichwürfel beiseitestellen. Die Aprikosen waschen, halbieren, entsteinen und in Würfel schneiden.

2 Restliche Pfirsichwürfel mit den Aprikosen, Reissirup und Hafer-Cuisine in ein hohes schmales Gefäß geben und mit dem Pürierstab fein pürieren. Die beiseitegestellten Pfirsichwürfel unterheben und die Masse etwa 40 Minuten in einer Eismaschine gefrieren lassen, bis ein cremiges halbfestes Eis entstanden ist.

TIPP

Wenn Sie keine Eismaschine haben, einfach alles in eine Metallschüssel geben, diese 2 Stunden ins Kühlfach stellen und die Masse alle 10 Minuten mit einem Schneebesen durchrühren, damit sich keine Eiskristalle bilden.

Bei Verträglichkeit:
L: Hafer-Cuisine durch Sahne ersetzen

Polenta-Flammeri mit Aprikosenkompott

Für 2 Portionen

Zubereitungszeit: 1 Stunde 15 Minuten plus Kühlzeit über Nacht

Eine Portion enthält:

383 kcal, 1596 kJ, 8 g E, 10 g F, 58 g KH

Zutaten

Für den Flammeri:

1–2 cm Ingwer
2 Blätter weiße Gelatine
180 ml Haferdrink
75 g Hafer-Cuisine
20 g Traubenzucker
gemahlene Vanille
40 g Polenta
1 Ei
1 Prise Salz

Für das Kompott:

300 g Aprikosen
20 g Traubenzucker
70 ml roter Johannisbeersaft
gemahlene Vanille
Zimt
etwas Speisestärke

Zubereitung

1 Für den Flammeri den Ingwer schälen und fein reiben, den austretenden Saft dabei auffangen.

2 Die Gelatine in kaltem Wasser einweichen. Haferdrink, Hafer-Cuisine, Zucker, Ingwer mit Saft und Vanille zusammen aufkochen. Die Polenta unter Rühren einrieseln lassen und bei schwacher Hitze unter gelegentlichem Rühren 15 Minuten quellen lassen.

3 Das Ei trennen, das Eigelb verquirlen und rasch in den heißen Grieß rühren. Die Gelatine ausdrücken, ebenfalls sofort einrühren und darin auflösen. Eiweiße und Salz zu steifem Schnee schlagen. Unter die Grießmasse heben.

4 Eine Puddingform mit kaltem Wasser ausspülen und den Grieß einfüllen. Mindestens 6 Stunden, am besten über Nacht, kalt stellen.

5 Für das Kompott Aprikosen waschen, entsteinen und in Stücke schneiden.

6 Den Zucker in einem Topf bei schwacher Hitze hellbraun karamellisieren. Mit 45 ml Johannisbeersaft auffüllen. Dann Vanille und Zimt zugeben. Bei mittlerer Hitze auf die Hälfte einkochen lassen.

7 Die Stärke mit dem restlichen Saft verrühren und den Saft damit binden. Aprikosen zugeben, bei milder Hitze 5 bis 8 Minuten weich garen. Abkühlen lassen.

8 Den Flammeri mit einem Messer vom Formrand lösen und vorsichtig aus der Form stürzen. Mit dem Aprikosenkompott servieren.

Bei Verträglichkeit:

L: Haferdrink und -sahne durch herkömmliche Sahne ersetzen

GETRÄNKE

Hafer-Mandel-Drink

Für 2 Gläser

Zubereitungszeit: 5 Minuten plus 10 Minuten Ziehzeit

Eine Portion enthält:
175 kcal, 732 kJ, 3 g E, 7 g F, 26 g KH

Zutaten

500 ml Haferdrink
1 EL Mandelmus
1 EL Reissirup
1 Prise Zimt
1 Prise gemahlene Vanille

Zubereitung

Haferdrink, Mandelmus und Reissirup mit Gewürzen zusammen erhitzen. Den Drink etwa 10 Minuten ziehen lassen, in zwei große Gläser oder Becher verteilen und heiß servieren.

Bei Verträglichkeit:
F: Mit Agavensirup oder Honig süßen

Gurken-Melonen-Drink

Für 2 Gläser

Zubereitungszeit: 5 Minuten

Eine Portion enthält:
131 kcal, 552 kJ, 3 g E, 1 g F, 28 g KH

Zutaten

300 g Bio-Salatgurke
350 g Honigmelone
4 Kumquats

Zubereitung

1 Gurke unter heißem Wasser waschen und in Stücke schneiden. Melone in Stücke schneiden und mit einem Löffel entkernen. Fruchtfleisch von der Schale schneiden und grob würfeln. Kumquats unter heißem Wasser waschen. Eine Kumquat in Scheibchen schneiden.

2 Restliche Kumquats vierteln, mit Gurke und Melone im Entsafter entsaften und in zwei Gläser verteilen. Mit den Kumquatscheiben garnieren.

Granatapfel-Hibiskus-Drink

Für 2 Portionen

Zubereitungszeit: 10 Minuten plus 1 Stunde Kühlzeit

Eine Portion enthält:
105 kcal, 441 kJ, 0 g E, 0 g F, 28 g KH

Zutaten

600 ml Hibiskus-Tee
4 EL Reissirup
100 ml Kokosmilch
50 g TK-Granatapfelkerne
Eiswürfel

Zubereitung

Den Hibiskustee nach Anleitung kochen, abseihen und etwas abkühlen lassen. Etwa 1 Stunde in den Kühlschrank stellen. Dann in zwei Gläser füllen, einige Eiswürfel, den Reissirup und Granatapfelkerne zugeben, die Kokosmilch aufgießen und umrühren.

Bei Verträglichkeit:
F: Reissirup durch Honig ersetzen

Mango-Maracuja-Smoothie

Für 2 Gläser

Zubereitungszeit: 5 Minuten

Eine Portion enthält:
300 kcal, 1250 kJ, 3 g E, 3 g F, 63 g KH

Zutaten

500 ml Haferdrink
150 ml Maracujasaft
300 g TK-Mangos
3 EL Reissirup

Zubereitung

Alle Zutaten in einem hohen Gefäß mit dem Pürierstab pürieren. Smoothie in zwei Gläser verteilen.

Mango-Kokos-Smoothie

Für 2 Gläser

Zubereitungszeit: 5 Minuten

Eine Portion enthält:
149 kcal, 612 kJ, 2 g E, 4 g F, 49 g KH

Zutaten

½ reife Mango
300 ml eiskalter Haferdrink
100 ml eiskalte Kokosmilch
Reissirup

Zubereitung

Die Mango schälen, Fruchtfleisch vom Kern schneiden und würfeln. Die Mangowürfel mit der Hälfte des Haferdrinks pürieren. Den restlichen Haferdrink und die Kokosmilch dazugeben, nochmals kurz mixen und mit Reissirup abschmecken. In zwei Gläser verteilen.

Bei Verträglichkeit:
F: Reissirup durch Honig ersetzen
L: Haferdrink durch Milch ersetzen

Rooibostee mit Vanille

Für 2 Tassen

Zubereitungszeit: 15 Minuten

Eine Portion enthält:
42 kcal, 175 kJ, 1 g E, 1 g F, 8 g KH

Zutaten

1 Beutel Rooibostee
100 ml Haferdrink (Barista)
¼ TL gemahlene Bourbon-Vanille plus etwas zum Bestäuben

Zubereitung

1 Den Teebeutel in eine hitzebeständige Karaffe hängen und mit 200 ml kochendem Wasser übergießen. Ca. 10 Minuten ziehen lassen, dann den Beutel entfernen.

2 In der Zwischenzeit den Haferdrink mit der Vanille in einem Topf erwärmen und aufschäumen. Den Tee auf zwei Tassen verteilen und die geschäumte Milch darübergeben. Mit etwas Vanille bestäuben.

Bei Verträglichkeit:
L: Haferdrink durch Milch ersetzen

Ingwer-Granatapfel-Shot

Für 2 Gläser

Zubereitungszeit: 10 Minuten

Eine Portion enthält:
47 kcal, 195 kJ, 1 g E, 0 g F, 10 g KH

Zutaten

1–2 Granatäpfel
1 cm frischer Ingwer
1 Möhre

Zubereitung

Granatäpfel halbieren und mit der Zitruspresse auspressen. Den Ingwer schälen und fein schneiden, die Möhre waschen. Alles zusammen pürieren und auf zwei kleine Gläser verteilen.

Rote-Bete-Gurken-Saft

Für 2 Gläser

Zubereitungszeit: 5 Minuten

Eine Portion enthält:
29 kcal, 120 kJ, 1 g E, 0 g F, 6 g KH

Zutaten

2 gegarte Rote Bete (vakuumverpackt)
½ Bio-Salatgurke
1 Minzstängel

Zubereitung

Rote Bete schälen, Gurke waschen. Beides in grobe Stifte schneiden. Die Minze waschen und die Blättchen abzupfen. Alles im Entsafter entsaften und kalt stellen. Auf zwei Gläser verteilen und genießen.

TIPP

Auch ungekochte Rote Bete eignet sich, denn auch sie lässt sich gut entsaften. Allerdings muss sie zuvor geschält werden, was man am besten mit Gummihandschuhen macht, da sie stark färbt.

Melissen-Gurken-Wasser

Für 1 Liter

Zubereitungszeit: 5 Minuten

100 ml enthalten:
0 kcal, 0 kJ, 0 g E, 0 g F, 0 g KH

Zutaten

100 g Salatgurke
1 Bio-Zitrone
einige Stängel Zitronenmelisse
einige Eiswürfel

Zubereitung

Eine große Karaffe mit stillem Mineralwasser füllen. Salatgurke und Zitrone waschen, in dünne Scheiben schneiden und ins Wasser geben. Zitronenmelisse waschen, dazugeben und umrühren. Etwas ziehen lassen, dann die Eiswürfel dazugeben.

SELBST GEMACHT STATT FERTIGPRODUKT

Schneller Mandeldrink

Für 500 ml

Zubereitungszeit: 10 Minuten

100 ml enthalten:
157 kcal, 659 kJ, 6 g E, 13 g F, 4 g KH

Zutaten

50 g gemahlene Mandeln
1 gestrichener TL Reissirup

Zubereitung

Die gemahlenen Mandeln mit 500 ml Wasser in den Mixer geben Auf höchster Stufe 2 Minuten fein mixen. Reissirup dazugeben. Anschließend durch ein feines Sieb, ein Tuch oder einen Teebeutel abseihen.

TIPP

Mit dem Rest, der im Sieb zurückbleibt, können Sie z. B. Saucen andicken oder ein Müsli aufpeppen. Der Drink lässt sich wie Milch verwenden und hält sich etwa drei Tage im Kühlschrank.

Sauce Hollandaise

Für 2 Portionen

Zubereitungszeit: 10 Minuten

Eine Portion enthält:
188 kcal, 784 kJ, 1 g E, 21 g F, 1 g KH

Zutaten

1 Spritzer Essigessenz
75 ml Mandeldrink
40 ml Rapsöl mit Buttergeschmack
Salz
1 Msp. Senfpulver (wenn verträglich)
1 Prise gemahlene Kurkuma
1 Prise frisch geriebene Muskatnuss
1 Msp. Xanthan

Zubereitung

1 Die Zutaten auf Zimmertemperatur bringen und alle, bis auf das Xanthan, in ein schlankes hohes Gefäß geben. Mit dem Pürierstab pürieren. Den Pürierstab dazu im Gefäß immer von unten nach oben bewegen.

2 Zum Schluss Xanthan zugeben und mixen, bis die Konsistenz saucenartig ist. Noch mal abschmecken und erwärmen.

Bei Verträglichkeit:

H: Xanthan durch Guarkern- oder Johannisbrotkernmehl ersetzen. Das Senfpulver durch Senf ersetzen

Würzige Gemüsebrühe

Für 1 Liter

Zubereitungszeit: 10 Minuten plus 2 Stunden Kochzeit

100 ml enthalten:
3 kcal, 13 kJ, 0 g Eiweiß, 0 g Fett, 0 g KH

Zutaten

1 Bund Suppengrün (Möhren, Lauchgrün, Sellerie, Petersilie, Petersilienwurzel)
1 weiße Zwiebel
3 cm frischer Ingwer
2 cm frische Kurkuma
1 Bund Koriander
1 Thymianzweig
1 Rosmarinzweig
2 Lorbeerblätter
je 4 Pimentkörner, Nelken und Kardamomkapseln
1 TL Salz

Zubereitung

1 Suppengrün waschen und klein schneiden. Zwiebel schälen und klein schneiden. Ingwer und Kurkuma in Scheiben schneiden. Koriander grob schneiden.

2 Alle Zutaten zusammen in einen Topf geben und mit ca. 1,5 l kaltem Wasser bedecken. Zum Kochen bringen, dann die Hitze reduzieren und bei schwacher Hitze ca. 2 Stunden köcheln lassen.

3 Brühe durch ein Sieb oder ein sauberes Tuch gießen und die Flüssigkeit auffangen. Brühe ggf. entfetten, noch einmal aufkochen und in sterilisierte Schraubgläser gießen. Verschließen, auf den Kopf stellen und abkühlen lassen. So hält die Brühe einige Wochen.

TIPP

Mit Gewürzen können der Gemüsebrühe unterschiedliche Aromen verliehen werden. Hier geht es mit Ingwer, Kurkuma und Koriander ein wenig in die asiatische Richtung. Die Brühe eignet sich aber auch für nicht-asiatische Suppen und andere Gerichte.

Gemüsebrühpulver

Für 1 Glas

Zubereitungszeit: 30 Minuten plus 4–6 Stunden Trockenzeit

100 ml enthalten:

160 kcal, 689 kJ, 2 g Eiweiß, 1 g Fett, 15 g KH

Zutaten

100 g Knollensellerie
150 g Petersilienwurzeln
200 g Möhren
300 g rote Paprika
1 Bund Basilikum
1 Bund Schnittlauch
½ Bund Petersilie
70 g Salz
1 Msp. gemahlene Kurkuma
einige weiße Pfefferkörner
½ TL getrocknetes Basilikum
½ TL Thymian
½ TL Oregano
1 Lorbeerblatt

Zubereitung

1 Sellerie, Petersilienwurzeln und Möhren schälen und raspeln. Paprika halbieren, Samen und Scheidewände entfernen, das Fruchtfleisch waschen und ebenfalls raspeln. Frische Kräuter waschen, gut trocken schütteln und klein schneiden.

2 Gemüse und Kräuter auf Backblechen verteilen und bei 90 °C 4 bis 6 Stunden im Ofen trocknen lassen.

3 Anschließend das getrocknete Gemüse fein mahlen und Salz, Gewürze und getrocknete Kräuter hinzugeben. Vermischen und fein mahlen.

TIPP

Der Geschmack kann durch unterschiedliche Gewürze und andere Zutaten variiert werden: Basilikum statt Majoran oder zusätzlich etwas Ingwer oder Kurkuma für einen asiatischen Hauch, Petersilienwurzeln oder Pastinaken statt Sellerie – Ausprobieren ausdrücklich erwünscht!

Bei Verträglichkeit:

H: 1 TL Senfkörner dazugeben

Hühnerbrühe

Für 1 Liter

Zubereitungszeit: 15 Minuten plus 2 Stunden Kochzeit

100 ml enthalten:
3 kcal, 13 kJ, 0 g Eiweiß, 0 g Fett, 0 g KH

Zutaten

- 1 Bund Suppengrün (Möhren, Lauchgrün, Sellerie, Petersilie, Petersilienwurzel)
- 1 weiße Zwiebel
- 800 g Bio-Hühnerknochen
- 2 Lorbeerblätter
- je 4 Pimentkörner, Nelken und Kardamomkapseln
- 1 TL Salz
- 1 Stück frischer Ingwer

Zubereitung

1 Suppengrün waschen und klein schneiden, Zwiebel schälen und klein schneiden. Mit Knochen, Kräutern, Gewürzen und etwa 1,5 kaltem Wasser in einen Topf geben und alles zum Kochen bringen. Die Hitze reduzieren und die Brühe bei schwacher Hitze ca. 2 Stunden köcheln lassen. Den entstandenen Schaum mit einer Schaumkelle abschöpfen.

2 Ingwer schälen und fein hacken. Etwas Fett von der Brühe in eine Pfanne geben und erhitzen. Ingwer darin andünsten.

3 Die Brühe durch ein Sieb oder sauberes Tuch gießen und die Flüssigkeit auffangen. Ingwer zur Brühe geben und kurz ziehen lassen.

Bei Verträglichkeit:
H: 1 kleine Chilischote dazugeben

Rinderbrühe

Für 1,5–2 l

Zubereitungszeit: 40 Minuten

100 ml enthalten:
3 kcal, 13 kJ, 0 g E, 0 g F, 0 g KH

Zutaten

1 Möhre
¼–½ Sellerieknolle
1 Petersilienwurzel
1 Schalotte
1 Pastinake
2 Knoblauchzehen (wenn verträglich)
½ rote Paprika
½ Zucchini
700 g Suppenfleisch
1 EL Salz

Zubereitung

1 Gemüse waschen, putzen und in große Stücke schneiden. Zusammen mit dem Suppenfleisch in den Schnellkochtopf geben. Mit kaltem Wasser gut bedecken und Salz zugeben.

2 Den Topf schließen und bei starker Hitze aufkochen, bis zwei Ringe am Ventil zu sehen sind. Dann auf mittlere Stufe stellen und 30 Minuten kochen lassen. Platte abschalten und warten, bis der Druck vollständig abgebaut ist.

3 Die Brühe durch ein Sieb oder sauberes Tuch gießen und die Flüssigkeit auffangen.

TIPP

Das Suppenfleisch eignet sich sehr gut als Suppeneinlage.

Kürbisketchup

Für 3 Gläser, 12 Portionen

Zubereitungszeit: 40 Minuten

Eine Portion enthält:

32 kcal, 132 kJ, 1 g E, 0 g F, 6 g KH

Zutaten

800 g Kürbis (Butternut oder Hokkaido)
1 daumengroßes Stück frischer Ingwer
40 g Traubenzucker
1 TL Salz
frisch gemahlener weißer Pfeffer (wenn verträglich)
½ TL Garam Masala nach Belieben
80 ml Verjus sauer oder milder Apfelessig
Außerdem:
3 Einmachgläser

Zubereitung

1 Kürbis entkernen, schälen (Hokkaido muss nicht geschält werden) und in ca. 2 cm große Stücke schneiden. Ingwer schälen und etwas zerkleinern.

2 Kürbis und Ingwer im Mixer pürieren. Dann Traubenzucker, Salz, Pfeffer, Garam Masala, Verjus und 100 ml Wasser hinzugeben. In einen Topf füllen, kurz aufkochen, Hitze reduzieren und alles 20 Minuten leise köcheln lassen.

3 Wenn die Masse zu fest ist, noch etwas Wasser zugeben. Abschmecken und weitere 5 Minuten kochen. In sterilisierte Gläser füllen.

TIPP

Das Ketchup hält sich im Kühlschrank etwa zwei Wochen.

Bei Verträglichkeit:

F: Traubenzucker durch Haushaltszucker ersetzen

Ajvar

Für 4 Gläser (16 Portionen)

Zubereitungszeit: 3–4 Stunden

Eine Portion enthält:

45 kcal, 189 kJ, 1 g E, 3 g F, 4 g KH

Zutaten

1 kg rote Spitzpaprika
9 g Salz
40 ml Rapsöl
½ TL Essigessenz
Außerdem:
4 Einmachgläser

Zubereitung

1 Paprika waschen, halbieren, Samen und Scheidewände entfernen. Die Paprika den Schnittseiten nach unten auf einem mit Backpapier belegten Backblech verteilen und auf der Grillstufe grillen, bis sie schwarz sind. Bei Bedarf mehrere Bleche hintereinander grillen.

2 Paprika in eine Schüssel geben und mit einem Deckel oder Frischhaltefolie luftdicht abschließen. 30 bis 60 Minuten abkühlen lassen. Dann die Schalen von den Paprika abziehen. Den austretenden Saft dabei auffangen.

3 Paprikafruchtfleisch pürieren, zusammen mit dem ausgetretenen Saft in einen Topf geben und aufkochen lassen. Dann Salz, Öl und Essigessenz zugeben und die Temperatur reduzieren, sodass die Masse nur noch leise köchelt. Alles 2 bis 4 Stunden köcheln lassen, dabei hin und wieder umrühren. Kochen, bis die Masse cremig ist.

4 Abschmecken (Vorsicht, der Geschmack wird im Glas mit der Zeit intensiver) und in Schraubdeckelgläser abfüllen. Die Gläser gut verschließen.

5 Zum Einkochen die Gläser in einen großen Topf stellen, der bis auf Höhe der Gläser mit Wasser gefüllt wird, und 20 Minuten köcheln lassen.

Fester Frischkäse

Für ca. 200 g

Zubereitungszeit: 15 Minuten

100 g enthalten:
413 kcal, 1727 kJ, 22 g E, 23 g F, 29 g KH

Zutaten

1 l laktosefreie Milch (mind. 3,5 % Fett)
1 TL Essigessenz
250 g laktosefreier Joghurt (mind. 3,5 % Fett)
1 gestr. TL Salz
Außerdem:
Haarsieb mit Seihtuch

Zubereitung

1 Milch in einem Topf zum Kochen bringen, dann den Herd abschalten und den Topf von der Platte nehmen. Essigessenz, Joghurt und Salz einrühren. 1 Minute stetig umrühren, dann 10 Minuten ruhen lassen. Die Molke trennt sich in dieser Zeit von der Käsemasse.

2 In der Zwischenzeit eine Schüssel und ein Haarsieb bereitstellen und das Sieb mit einem Seihtuch auslegen. Die Flüssigkeit durchseihen und die Molke ablaufen lassen. Den Stoff fest zudrehen, sodass möglichst viel Molke herausgepresst wird. Dann die Masse in dem zugedrehten Tuch 30 bis 60 Minuten abkühlen lassen.

TIPP

Der Käseballen kann in der Molke im Kühlschrank sieben Tage aufbewahrt werden. Nach einer Reifezeit von einem Tag ist er fertig, kann aber auch schon vorher genossen werden.

Bei Verträglichkeit:

L: Laktosefreie Milch und Joghurt durch herkömmliche Milch und Joghurt ersetzen

Kräuterpesto

Für 1 Glas (4 Portionen)

Zubereitungszeit: 10 Minuten

Eine Portion enthält:
271 kcal, 1134 kJ, 2 g E, 29 g F, 2 g KH

Zutaten

2 Petersilienstängel
1 Thymianzweig
2–3 Oreganostängel
1 Bund Basilikum
30 g Pinienkerne
½ TL Salz
frisch gemahlener weißer Pfeffer (wenn verträglich)
100 ml Olivenöl

Zubereitung

Die Kräuter waschen und gut trocken schütteln. Sehr fein hacken oder im Mixer zerkleinern. Dann alle anderen Zutaten zugeben und gut vermischen. In ein Glas füllen.

Bei Verträglichkeit:
H: Geriebenen Pecorino unterrühren

Klassisches Salatdressing

Für 2 Portionen

Zubereitungszeit: 5 Minuten

Eine Portion enthält:
208 kcal, 872 kJ, 0 g E, 23 g F, 2 g KH

Zutaten

2 TL frische gehackte Kräuter (z. B. Petersilie, Schnittlauch, Dill)
¼ TL Essigessenz
1 TL Reissirup
Salz
3 EL Lein- oder Olivenöl

Zubereitung

Kräuter mit Essigessenz, Reissirup und Salz vermischen. Mit dem Schneebesen Öl und so viel Wasser unterschlagen, bis eine homogene Masse entsteht.

Bei Verträglichkeit:
F: Reissirup durch Ahornsirup oder Honig ersetzen

Johannisbeer-Dressing

Für 2 Portionen

Zubereitungszeit: 5 Minuten

Eine Portion enthält:
252 kcal, 1054 kJ, 0 g Eiweiß, 23 g Fett, 12 g KH

Zutaten

- 50 g rote Johannisbeeren
- 1 EL Traubenzucker
- 1 Prise Salz
- 4 EL roter Johannisbeersaft
- 3 EL Olivenöl

Zubereitung

Johannisbeeren waschen, von den Rispen streifen und durch ein Sieb passieren. Dann Johannisbeersaft, Zucker und Salz unterrühren. Anschließend das Öl damit verquirlen.

Bei Verträglichkeit:

F: Traubenzucker durch Haushaltszucker ersetzen

Marzipan

Für ca. 150 g

Zubereitungszeit: 25 Minuten

100 g enthalten:
360 kcal, 1505 kJ, 8 g E, 18 g F, 49 g KH

Zutaten

- 75 g kristalline Reissüße oder Traubenzuckerpulver
- 1 EL Reissirup
- 50 g geschälte Mandeln oder Mandelblättchen
- 1 EL Rosenwasser
- 2 Tropfen Mandelaroma (optional)

Zubereitung

Mandeln oder Mandelblättchen im Mixer sehr fein mahlen. Mit allen anderen Zutaten in einer Schüssel etwa 15 Minuten kneten. Das Marzipan nach Belieben ausrollen und weiterverwenden.

TIPP

Das Marzipan hält sich gut gekühlt einige Wochen.

Bei Verträglichkeit:

F: Reissüße bzw. Traubenzuckerpulver durch Puderzucker oder Haushaltszucker ersetzen

Rezeptregister

FRÜHSTÜCKSVARIANTEN 54

SNACKS, SUPPEN UND SALATE 73

HAUPTGERICHTE 98

Bibliografische Information der Deutschen Nationalbibliothek
Die Deutsche Nationalbibliothek verzeichnet diese Publikation in der deutschen Nationalbibliografie; detaillierte bibliografische Daten sind im Internet über http://dnb.ddb.de/ abrufbar.

ISBN 978-3-8426-3109-0 (Print)
ISBN 978-3-8426-3110-6 (PDF)
ISBN 978-3-8426-3111-3 (EPUB)

Abbildungen:
Titelmotiv: stock.adobe.com/JackStock
stock.adobe.com: Alusha: 1; nata_vkusidey: 2/3, 111; Harald Walker: 4, 107; Татьяна Кочкина: 6/7; Elenglush: 52/53, 71; Doris Heinrichs: 55; Vladislav Noseek: 57, 59, 91; Jiri Hera: 61; Natallia: 67; PicsArt: 75; Olha Afanasieva: 81; Rozmarina: 87; shabbydecor: 89; valentinamaslova: 99; azurita: 103; Christin Klose: 115; supercat67: 119; fahrwasser: 121; Yevgeniya Shal: 123; victoria p.: 127; vkuslandia: 129; kab-vision: 135; anitty: 139; A_Lein: 141, 153, 184; Peti: 143; kulzfotolia: 147; MissesJones: 157; nolonely: 159; vanillaechoes: 163; T: 165; Janna: 167; qwartm: 173; zakiroff: 177; sriba3: 179; HandmadePictures: 181

Originalausgabe

Die Ratgebermarke der Schlütersche Fachmedien GmbH
Hans-Böckler-Allee 7, 30173 Hannover
www.humboldt.de
www.schluetersche.de

Aus Gründen der besseren Lesbarkeit wurde in diesem Buch die männliche Form gewählt, nichtsdestoweniger beziehen sich Personenbezeichnungen gleichermaßen auf Angehörige des männlichen und weiblichen Geschlechts sowie auf Menschen, die sich keinem Geschlecht zugehörig fühlen.
Autorin und Verlag haben dieses Buch sorgfältig erstellt und geprüft. Für eventuelle Fehler kann dennoch keine Gewähr übernommen werden. Weder Autorin noch Verlag können für eventuelle Nachteile oder Schäden, die aus in diesem Buch vorgestellten Erfahrungen, Meinungen, Studien, Therapien, Medikamenten, Methoden und praktischen Hinweisen resultieren, eine Haftung übernehmen. Insgesamt bieten alle vorgestellten Inhalte und Anregungen keinen Ersatz für eine medizinische Beratung, Betreuung und Behandlung.

Lektorat: Inez Ulrich, Ortenburg
Layout: Groothuis, Lohfert, Consorten, Hamburg
Covergestaltung: Die Feder, Konzeption vor dem Druck GmbH, Wetzlar
Satz: Die Feder, Konzeption vor dem Druck GmbH, Wetzlar
Druck und Bindung: Gutenberg Beuys Feindruckerei GmbH, Langenhagen